柏拉图全集

PLATONIS OPERA

增订版

3

[古希腊]柏拉图◎著

王晓朝◎译

人民出版社

责任编辑：张伟珍

封面设计：吴燕妮

图书在版编目（CIP）数据

柏拉图全集 .3 ／［古希腊］柏拉图 著；王晓朝 译 . – 增订本 .
– 北京：人民出版社，2015.10（2020.1 重印）
ISBN 978 – 7 – 01 – 015031 – 4

I. ①柏… II. ①柏… ②王… III. ①柏拉图（前 427~ 前 347）–
全集 IV. ① B502.232-52

中国版本图书馆 CIP 数据核字（2015）第 153955 号

柏拉图全集［增订版］3
BOLATU QUANJI

［古希腊］柏拉图 著 王晓朝 译

人民出版社 出版发行
（100706 北京市东城区隆福寺街 99 号）

北京汇林印务有限公司印刷 新华书店经销

2015 年 10 月第 1 版 2020 年 1 月北京第 2 次印刷
开本：710 毫米 × 1000 毫米 1/16 印张：11.5
字数：165 千字 印数：3,001–5,000 册

ISBN 978 – 7 – 01 – 015031 – 4 定价：38.00 元

邮购地址 100706 北京市东城区隆福寺街 99 号
人民东方图书销售中心 电话（010）65250042 65289539

目　录

增订版译者前言

拙译中文版《柏拉图全集》自 2003 年开始出版以来，十来个年头匆匆而过。应社会大众的阅读需要，在出版界朋友的帮助下，全集多次重印，而在此期间，译者也在不断地听取和收集各方面的批评意见，并在教学和科研间隙对全集进行修订。最近几年，译者承担的教学和研究工作相对较少，有了对全集进行全面修订的充裕时间，遂有这个全集增订版的问世。

译者除了对原版译文进行逐字逐句的修订外，还做了以下工作：

（1）原版中各篇对话的提要译自伊迪丝·汉密尔顿所撰写的各篇对话短序。本次修订，所有提要均由译者本人撰写，内中包含译者自身的阅读结果，写出来供读者参考。

（2）考虑到研究的需要，也考虑到柏拉图的疑伪之作至今尚无最终定论，因此借修订之机，补译柏拉图伪作十六种。它们是：《阿尔基比亚德上篇》（Alcibiades I）、《阿尔基比亚德下篇》（Alcibiades II）、《希帕库斯篇》（Hipparchus）、《克利托丰篇》（Clitophon）、《塞亚革斯篇》（Theages）、《弥诺斯篇》（Minos）、《德谟多库篇》（Demodocus）、《西绪福斯篇》（Sisyphus）、《厄里西亚篇》（Eryxias）、《阿西俄库篇》（Axiochus）、《情敌篇》（Rival Lovers）、《论公正》（On Justice）、《论美德》（On Virtue）、《神翠鸟》（Halcyon）、《定义集》（Definitions）、《诗句集》（Epigrams）。

（3）专有名词（人名、地名、族名、神名）有少量改动和增添；哲学概念和术语的译名结合近年来的研究动态有改动，并以注释的方式说明旧译和新译的基本情况。

（4）文中注释有较多修改和增添。所有注释均由译者参照已有各种版本柏拉图著作的注释加以取舍、改写、综合、添加。

（5）柏拉图著作标准页在原版中在页边标注，考虑到中国人的阅读习惯和排版的方便，修订版改为文间标注。

（6）除原版中列举的参考资料外，本次修订着重参考了下列图书：

J. Burnet, Platonis Opera, 5 vols, Oxford, Clarendon Press, 1900—1907.

Plato, Complete Works, ed. By John M. Cooper, Hackett Publishing Company, Indianapolis, Cambridge, 1997.

（7）参考 John M. Cooper 编辑的英文版柏拉图全集中的索引，重编增订版索引，并增加希腊文对照。

近年来，中国高校大力推广人文素质教育，阅读经典著作成为素质教育的重要内容。为适应这种社会需要，译者将修订版的《柏拉图全集》分为十册出版，以解决全集篇幅过大，一般学生和社会读者难以全部购买的问题。待各分册出版完成以后，再视社会需要，出版完整的增订版《柏拉图全集》。现在，全集分册的出版已经完成。新的合集共分三卷，各卷包含的内容是：

上卷：中文版序、译者导言、柏拉图年表、柏拉图谱系表、柏拉图著作篇名缩略语表、申辩篇、克里托篇、斐多篇、卡尔米德篇、拉凯斯篇、吕西斯篇、欧绪弗洛篇、美涅克塞努篇、小希庇亚篇、伊安篇、高尔吉亚篇、普罗泰戈拉篇、美诺篇、欧绪德谟篇、克拉底鲁篇、斐德罗篇、会饮篇。

中卷：国家篇（10 卷）、泰阿泰德篇、巴门尼德篇、智者篇、政治家篇、斐莱布篇、蒂迈欧篇。

下卷：克里底亚篇、法篇（12 卷）、伊庇诺米篇、大希庇亚篇、阿尔基比亚德上篇、阿尔基比亚德下篇、希帕库斯篇、克利托丰篇、塞亚革斯篇、弥诺斯篇、德谟多库篇、西绪福斯篇、厄里西亚篇、阿西俄库篇、情敌篇、论公正、论美德、神翠鸟、定义集、书信、诗句集、总索引。

借《柏拉图全集》增订版出版之机，重复译者在原版"译者导言"中说过的话："译作的完成之日，就是接受批评的开始。敬请读者在发现错误的时候发表批评意见，并与译者取得联系（通信地址：100084 清华大学人文学院哲学系；电子邮件：xiaochao@tsinghua.edu.cn），以便译者在有需要再版时予以修正。"

感谢学界前辈、同行、朋友的教诲、建议和批评！

感谢人民出版社为出版中文版《柏拉图全集》所付出的巨大努力！

感谢中文版《柏拉图全集》出版以来阅读过该书的所有读者！感谢中文版《柏拉图全集》出版以来，对该书作出评价和提出批评意见的所有人！

王晓朝

2017 年 9 月 18 日

美涅克塞努篇

提　要

　　本篇主要内容是苏格拉底复述的一篇葬礼演说词，赞颂雅典城邦自建城以来抗击外敌入侵的英雄业绩。苏格拉底说这篇演说词是从他的修辞学老师阿丝帕希娅那里听来的。与苏格拉底谈话的是他的年轻朋友美涅克塞努，他是苏格拉底圈子里的重要成员，曾在《吕西斯篇》和《斐多篇》中出现。公元 1 世纪的塞拉绪罗在编定柏拉图作品篇目时，将本篇列为第七组四联剧的第四篇，称其性质是"伦理性的"，亦称"葬礼演说词"。① 这篇对话篇幅较短，译成中文约 1 万 2 千字。

　　历史上的苏格拉底于公元前 399 年被处死，阿丝帕希娅死在苏格拉底之前，而这篇演说词涉及多处历史事件，还提到科林斯战争（公元前 395—前 387 年）。由于这种"年代错误"，许多 19 世纪的学者否定它是柏拉图的作品，而现代学者一般都肯定它是柏拉图真作，因为亚里士多德在他的《修辞术》中两次引用本篇（1367b8，1415b30），称之为"苏格拉底的葬礼演说词"。亚里士多德是柏拉图学园的成员，很难想象亚里士多德竟然不知道这篇作品的作者。但若承认它的作者是柏拉图，问题也就转化为柏拉图为什么要撰写这篇作品。有学者认为这篇对话不是一篇严肃的对话，而是一篇嘲谑作品。由此可见，柏拉图撰写的对话并不具有完全的历史真实性。

　　对话一开始，美涅克塞努说雅典议事会正在物色人，到即将举行的

---

① 参阅第欧根尼·拉尔修：《名哲言行录》3：59。

阵亡将士葬礼上发表演说，但很难找到恰当人选。苏格拉底说在雅典公众面前赞扬雅典人并不难。接下去他就应邀复述他昨天刚从阿丝帕希娅那里听来的一篇葬礼演说词。演说词提及雅典城邦的起源，讲述雅典城邦经历希波战争、伯罗奔尼撒战争、科林斯战争，赞扬雅典人帮助盟邦、抗击外侮、捍卫正义的民族精神，歌颂阵亡将士的爱国热情，勉励生者要勇敢面对时艰，教养遗孤，重振邦威，以此告慰死者。这篇演说词的内容和文体与伯里克利的同名演说相似，但在对雅典政治历史的评价和复兴城邦的政治主张方面迥然不同。伯里克利将伯罗奔尼撒战争描述为雅典人争取自由的正义战争，而本篇演说词认为这场战争是希腊各城邦之间自相残杀的不义之战。

正　　文

谈话人：美涅克塞努、苏格拉底

苏　【234】你，美涅克塞努①，打哪儿来？从市场②来吗？

美　对，苏格拉底——从议事会③来，说准确点儿。

苏　你在议事会？为什么？噢，我明白了，你想象你的学校教育和哲学已经完成，打算转向更高的追求。你以为自己已经为此做好了准备。你这般年纪的人，【b】我的神童，已经要担负起管理我们这些老人的重任了，为的是便于你的家族延续它的传统，派人来关照我们。

美　苏格拉底，有你的允许和批准，我会很乐意担任公职；否则的话，我不会去。不过，我今天之所以去了议事会，那是因为我听说议事会想要选人给战争死难者致悼词。他们将要举行公共葬礼，你知道的。

---

① 美涅克塞努（Μένεξένος），人名。

② 市场（ἀγορά），雅典卫城的市场，苏格拉底常在市场与人谈话。

③ 议事会（ἐκκλησία），公元前411年，雅典发生寡头政变，推翻原有民主政体，创建四百人议事会，遭到驻萨摩斯的雅典海军反对，其后不久四百人议事会被废除。

苏　当然知道。他们选了谁?

美　还没选。他们把这件事推迟到明天。但我想阿基努斯① 或狄翁② 可能会选上。

苏　确实,在战争中牺牲,从许多方面来看,都像是一种极好的命运,【c】美涅克塞努。哪怕他是一个贫民,也能得到庄严的葬礼,哪怕他乏善可陈,也能从行家嘴里得到赞美,这些人说话可不是即兴发挥,而是很早就作了精心准备。他们的赞美好极了,就像对我们的灵魂念了咒语,分送给每一个别的人,【235】有着众多华美的辞藻,既赞扬那些他应当赞扬的人,也赞扬他不应当赞美的人,他们还以各种方式赞美这个城邦,赞美在战争中牺牲的人,赞美我们的祖先和前辈,还赞美我们这些仍旧活着的人。这样一来,美涅克塞努,受到他们的赞扬我欣喜无比,真有点飘飘然,不知自己是谁了。【b】每一次,我听他们讲话就被他们迷住,这个时候我就变成了另外一个人——我相信自己突然间已经变得比从前更高大,更高尚,更英俊了。每年从其他城邦前来追随我、听我谈话的朋友对我也会更加敬畏,这种事情经常发生。因为就像我一样,他们也受到影响,改变了他们对我的看法,改变了他们对城邦其他人的看法;他们被演讲者征服了,认为这个城邦比他们以往所认为的更加神奇了。这种高尚和强大的感觉会在我身上驻留超过三天。【c】这些演讲者的话语和声音一直在我耳边轰鸣,到了第三天结束或第四天,我才回过神来,明白自己在哪里。而在那之前,我想象自己生活在福岛③ 上。这就是我们能干的演说家干的事。

美　你老是拿演说家开玩笑,苏格拉底。不过我想,这一次参选的演讲者不会很轻松,因为要到最后一刻才做决定,演讲者也许只能被迫临时凑合一下。

苏　【d】胡说,我的大好人。他们中间的每个人都有一些现成的演

---

① 阿基努斯 (Ἀρχῖνος),人名。

② 狄翁 (Δίων),雅典演说家。

③ 福岛是希腊神话中的仙境,亡灵赴地府受审后,善者的灵魂被送往福岛。

说词，哪怕要临时拼凑一下也不是什么难事。如果被迫在伯罗奔尼撒①人中间说雅典人的好话，或者在雅典人中间说伯罗奔尼撒人的好话，那么只有一名优秀的演说家能够赢得听众的信服，为自己赢得名声；但若你对着那些你正在赞美的民众讲话，被他们认为讲得好也不算什么伟大的功绩。

美　你认为不算，苏格拉底？

苏　对，宙斯在上，肯定不算。

美　【e】如果议事会选了你，要你去做讲演，你能去吗？

苏　事实上，美涅克塞努，我要是能去也一点儿都不奇怪。我正好有一位相当优秀的演讲术的教师。她就是那位造就了许多优秀演说家的女士——除了其他优秀者之外——有一位杰出的希腊演说家伯里克利②，克珊西普③之子。

美　这位女士是谁？但很显然，你指的是阿丝帕希娅④。

苏　【236】对，我指的就是她——她和梅特洛比乌⑤之子孔努斯⑥。他们是我的两位教师，孔努斯教音乐，阿丝帕希娅教演讲。如果一个人能接受这样的教育，熟练掌握演讲技能，那真是不足为奇！哪怕有人接受的教育不如我——比如一个人向兰普斯⑦学音乐，跟拉姆努西亚⑧人安提丰⑨学修辞——哪怕是这样的人，尽管有这些不利之处，也能在雅

---

① 伯罗奔尼撒（Πελοποννησύς），地名，此处"伯罗奔尼撒人"指参加伯罗奔尼撒同盟与雅典作战的斯巴达、科林斯等城邦的人。

② 伯里克利（Περικλές），公元前490—前429年，雅典大政治家。

③ 克珊西普（Ξανθίππος），伯里克利之父。

④ 阿丝帕希娅（Ασπασία），伯里克利的情妇。

⑤ 梅特洛比乌（Μητροβίους），人名。

⑥ 孔努斯（Κόννος），人名。

⑦ 兰普斯（Λάμπους），人名。

⑧ 拉姆努西亚（Ραμνουσία），地名。

⑨ 安提丰（Αντιφων），演说家。兰普斯是一位受尊敬的音乐家，修昔底德称安提丰是希腊最优秀的演说家。此处的讥讽要点是无人能比这两位行家更有造诣。

典人中赞美雅典人时赢得声望。

美　如果要你演讲，你必须说些什么？

苏　要凭我自己，很像是什么也说不出来；但碰巧就在昨天，【b】我在上课时阿丝帕希娅朗读了一篇葬礼演说词，是写给同一批死者的。因为，如你刚才所说，她听说要选人去做演讲。于是，她就把在那种场合该讲什么话复述给我听，一部分是当场构思的，一部分则来自她以前的想法，她从伯里克利的葬礼演说词中采用了许多片断，但我相信，伯里克利的演说词实际上是她写的。

美　你还能记得阿丝帕希娅说了些什么吗？

苏　我想我能。我确实是这位女士本人教的——【c】每一次，要是我记不住，很难逃掉一顿打。

美　那么你干吗不复述一下她说的话呢？

苏　我担心，要是我泄露了她的演讲词，她会朝我发火的。

美　别害怕，苏格拉底。说吧！无论你愿意复述阿丝帕希娅的，还是其他什么人的，我都非常感谢你。你只要说就行了。

苏　但你也许会嘲笑我，如果在你看来，我这把年纪的人还要像个孩子似的玩这种把戏。

美　绝对不会，苏格拉底。无论如何，就说说这篇演讲吧。

苏　嗯，你肯定是哪个人，【d】哪怕要我脱衣服跳舞，我都非常愿意满足你的要求——尤其是就我们俩在这儿。好吧，注意听。我想，她的讲演一开始就提到死者本身——如下所述：

"关于这些人的功绩，他们刚从我们这里得到他们该得的崇敬，①带着这些崇敬他们踏上命定的旅程，城邦和他们的家人护送他们上路。【e】我们现在必须用话语向他们提供其他的认可，这是法律指定给他们的，也是义务所要求我们做的。这些业绩已经英勇地完成，这时候通过雄辩

---

①　阵亡将士的遗体公开陈列，供人瞻仰和哀悼，然后抬至墓地安葬，演说家在墓地发表葬礼演说词。

的语言可以积累和增强听众对业绩完成者的纪念和荣耀。显然，需要有一篇讲演，既按其所该得的赞美死者，又仁慈地告诫活着的人，鼓励死者的儿子和兄弟学习他们的勇敢，慰藉死者的父亲、母亲，以及他们仍旧在世的曾父母。

【237】"嗯，我们什么样的讲演能发挥这种作用呢？我们对勇士们的赞扬怎样开头才是正确的呢？他们活着的时候用他们的勇敢使他们的家人和朋友欢乐，又用他们的死亡换取幸存者的安全？我认为，按照一种使他们变勇敢的相同顺序来赞扬他们是恰当的——这是一种自然的顺序；他们之所以变得勇敢，乃是因为他们是他们勇敢的父亲的儿子。因此，让我们首先赞美他们高贵的出身，其次赞美他们得到的抚养和教育。【b】在那之后，让我们来观察他们完成的业绩，说明他们有多么高尚，完全配得上他们的出生和成长。

"这些人的高贵起源植根于他们高贵的祖先。他们的祖先不是移民，亦非从其他某个地方抵达这里，使他们的后裔作为外邦人生活在这块土地上，而是使他们的后裔成为这块土地的儿女，真正居住在这里，生存在他们祖先的家中，他们不像其他民族的人那样由一位继母来抚养，【c】而是由一位母亲来抚养，这位母亲就是他们生活的这块土地。现在他们牺牲了，躺在他们熟悉的地方，大地母亲生下他们、抚育他们，如今又把他们当作自己的儿女来接纳，让他们在她的怀抱中安息。这位母亲确实是最应当首先颂扬的；以这样的方式，这些人的高贵出身也就同时得到了颂扬。

"我们的土地确实值得赞扬，不仅值得我们赞扬，而且值得全人类赞扬。其理由很多，但首先最重要的是她幸运地得到众神的青睐。众神为了这块土地所发生的争执，以及最后进行的裁决，为我们所说的话作了见证。①【d】得到众神赞美的土地难道还不该被全人类赞美吗？第二

① 雅典娜（Αθηνᾶ）和波塞冬争做雅典主神。波塞冬用三尖叉击打岩石，从岩石缝里跳出一匹马；雅典娜使岩石上长出一棵橄榄树。雅典人认为橄榄树有用，选定雅典娜作城邦保护神，并以她的名字作为城邦的名字，称为"雅典"。

项赞美归于她也是完全正当的，当各种生灵——野兽和家畜——在整个大地茁壮成长和繁盛的时候，我们这块土地没有生出野蛮的怪兽，保持着她的纯洁。在所有动物中，她选择和生育了人类，人这种生灵不仅在智力上远远高于其他动物，而且只有人才承认正义和众神。

"一切能生育的东西都会为其后裔提供所需要的食物，【e】这一事实有力地证明了下面的断言：是这片土地生育了这些人的祖先和我们的祖先。要想清楚地看出一名妇女是否真的生育，可以按照这样一个标志来判断：给孩子喂奶，还是卖掉不是她自己生的婴儿。在这里，大地，我们的母亲，也以这种方式充分证明是她抚养了人。在古时候，是她首先，【238】也只有她，为人提供了恰当的食物，小麦和大麦，这是人类最优良、最高级的营养，因为她真的是这种生灵的母亲。这样的证据严格说来更能说明大地，胜过说明妇女，因为大地并没有模仿妇女怀孕和生育，而是妇女模仿大地。

"她提供这种谷物并不吝啬，而是把它也分配给其他生灵。后来她给她的子女产出橄榄油，慰藉他们的辛劳。把子女抚养长大成人以后，【b】她引入众神统治和教育他们。众神——在这样的场合省略众神的名字是恰当的，我们认识它们——把我们装备起来，使我们能够生存，把各种技艺传授给我们，以满足我们日常生活所需，早于其他民族，他们教会我们如何获得和使用武器，以保卫这片土地。

"在经历我描述的这种出身和教育之后，这些人的祖先生活在他们为自己创造的政治制度之下，【c】在此应当简要提及。因为政治制度塑造它的人民；好的政治制度塑造好人，与此相反的政治制度塑造坏人。因此我必须说明，我们的祖先是由一个良好的政治制度塑造的，幸而有此，他们和当前这代人——这些已经死去的人就属于这一代——是好人。因为从那时起到现在，我们的政治制度是相同的，是一种贵族政制；① 我们现在由一些最优秀的人统治，并且总的看来，从遥远的古代

---

① 贵族政制（ἀριστοκρατία），从文中叙述的意思看，这种政制实际上是贤人政制，一旦统治者实行世袭，这种政制才可称为贵族政制。

开始一直如此。有人把我们的政治制度称作民主制，还有人用他乐意使用的其他名称；【d】实际上，它是在民众赞同的基础上由一些最优秀的人来实施统治。我们一直有国王，起初是世袭的，然后是民选的。① 然而在城邦里，民众在诸多方面拥有至高无上的权力；在某个既定的时候，他们把职位和权力赋予那些被认为最优秀的人，任何人都不会由于弱势、贫穷、出身低贱而被排除在外，也不会像别的城邦发生的那样，由于相应的优势而获得荣耀。倒不如说，只有一条原则：凡被认为智慧或善良者担任公职，行使权力。

【e】"我们拥有这种政治制度的原因在于我们的平等出身。其他城邦则是由来源多样、状况不等的人组成的，所以他们的政治制度也不平等——僭主制②和寡头制③。它们的有些居民把其他居民当作奴隶，而后者把前者当作主人。【239】我们和我们的同胞公民是兄弟，都是一个母亲生的，不认为把其他人当作主人或当作奴隶是对的。自然过程中的这种平等出身使我们寻求法律权利的平等，相互之间只看重对方在善良与智慧方面的名声。

"正是由于我们这种卓越的政治制度，这些人的祖先——我们的前辈——和这些人自己，都是在完全自由中成长的，出身都是高贵的，在私人和公共事务中，能够完成许多闻名于世的辉煌业绩。【b】他们认为自己有义务为自由而战，无论是希腊人对抗希腊人，还是希腊人作为一个整体对抗野蛮人。我的时间有限，无法细述他们如何捍卫他们的国家，抗击欧谟尔普④和亚马孙人⑤的入侵，以及抗击更早的侵略者，如

---

① 雅典废除国王以后，选举产生九名执政官（ἄρχων）实行统治，首席执政官也称为"王"（βασιλεύς），主要掌管宗教事务，英译者译为"king-archon"。

② 僭主制（δεσποτεία）。

③ 寡头制（ὀλιγαρχια）。

④ 欧谟尔普（Εὐμόλπους），色雷斯人首领，曾助厄琉息斯人入侵阿提卡。

⑤ 亚马孙人（Ἀμαξόνων），本都斯的一个好战的女族，传说曾入侵雅典，被英雄忒修斯逐回亚细亚。

何保护阿耳戈斯①人，抗击卡德摩斯②的子孙，如何保护赫拉克勒斯③的子孙，反对阿耳戈斯人。此外，诗人们已经用卓越的诗歌颂扬这些古人的英勇事迹，使他们闻名遐迩；所以，【c】如果我们试图用散文阐述相同的内容，我们也许只能屈居第二。

　　"由于这个原因，也由于他们已经获得了应得的奖赏，我想这些功绩我就不多说了。至于迄今为止尚无诗人有此荣耀加以歌颂的那些高尚主题，这是一片尚未开垦的处女地——我认为我必须提到和颂扬，消除其他人对它们的陌生感，便于这些业绩被人写成颂歌和其他种类的诗歌，适宜在舞台上进行表演。

　　"我首先想要叙说的业绩是这样的。当波斯人④主宰亚细亚、【d】试图奴役欧罗巴的时候，这块土地的子孙，我们的父辈，把他们打了回去——首先赞扬他们的勇敢既是正确的，又是必要的。显然，要想很好地颂扬这项业绩，必须很好地思考，直到能设身处地理解那个时代，当时整个亚细亚都已臣服于第三位波斯国王。居鲁士⑤，三位国王中的第一位，凭着他的热情解放了他的波斯同胞公民，【e】使他们的主人米地亚人⑥沦为奴隶，与此同时，他还统治了亚细亚其他各地，远抵埃及；他的儿子⑦统治了埃及和利比亚的大部分地区，只要能够渗透。⑧大流

---

① 阿耳戈斯（Ἀργος），地名，位于伯罗奔尼撒半岛的一个城邦。

② 卡德摩斯（Καδμείους），底比斯城创建者。指希腊传说中七国共同抵抗底比斯之战。

③ 赫拉克勒斯（Ἡρακλῆς），希腊神话英雄，出生于底比斯，赫拉克勒斯的子孙（Ἡρακλείδαις）指底比斯人。雅典人曾帮助底比斯人抗击阿耳戈斯人。

④ 波斯人（Πέρσας）。

⑤ 居鲁士（Κῦρος），波斯第一位国王，公元前 559 年击败米地亚人，自居王位至公元前 529 年。

⑥ 米地亚人（Μῆδος）。

⑦ 居鲁士之子，波斯第二位国王冈比西斯（Καμβύσες），公元前 529—前 522 年在位。

⑧ 利比亚（Λιβὐα），地名，当时希腊人所说的利比亚指非洲北部。

士①，第三位国王，用他的陆上军力把帝国的疆域拓展至西徐亚②，【240】又用他的舰队控制了大海和岛屿，无人敢与之争锋。所有人的心灵被他震慑，众多尚武的强大民族都成为波斯人奴役下的帝国臣民。

"大流士谴责我们和埃雷特里亚人③。借口说我们合谋反对萨尔迪斯④，大流士派遣50万大军登上运兵船和战舰，又派出三百艘战船，命令他们的统帅达提斯⑤把雅典人和埃雷特里亚人统统俘虏回来，如果达提斯想要他的脑袋继续长在脖子上。

【b】"达提斯航行到了埃雷特里亚，攻打那里的人，他们在那个时代的希腊人的战争中得到高度尊重，享有崇高声望，但有许多人袖手旁观。达提斯三日之内就打败了他们。他还横扫他们整个国家，不让任何人逃跑。做这件事，他用了这样的办法：把他的士兵开往埃雷特里亚边境，排成横队，从岛屿的这一边到那一边，手拉手地穿过整个国家，【c】这样一来，他们就能向他们的国王报告无人漏网了。

"达提斯和他的军队离开埃雷特里亚，抱着同样的企图在马拉松⑥上岸，自信能像对付埃雷特里亚人一样，轻易地将雅典人置于他们的轭下成为战俘。尽管这些行动的第一项已经完成，第二项正在进行，但除了拉栖代蒙人⑦以外，没有一个希腊城邦曾对埃雷特里亚人或雅典人伸出过援手——拉栖代蒙人【d】是在战斗开始后的那一天到达的。其他城邦的人全都惊恐万状，四处躲藏，只顾眼前的平安。

"置身于这样的场景，我要说，人们会明白在马拉松抗击野蛮人⑧的军队的这些人有多么勇敢，他们挫败了整个亚细亚的骄横，首次对野

---

① 大流士（Δαρεῖος），波斯第一位国王居鲁士的女婿，公元前 522—前 485 年在位。
② 西徐亚人（Σκύθης）。
③ 埃雷特里亚（Ἐρετριά），优卑亚岛上的一个城邦。
④ 萨尔迪斯（Σάρδεσια），地名。
⑤ 达提斯（Δᾶτις），人名。
⑥ 马拉松（Μαραθῶν），地名。
⑦ 拉栖代蒙人（Λᾰκεδαίμων），即斯巴达人。
⑧ 指波斯人。

蛮人竖起了战利品①。他们指明了前进的道路，他们教导其他人，波斯人的力量并非不可战胜，人多势众也好，财富巨大也好，都会在勇敢面前让路。【e】我宣布，这些人不仅是我们的身体之父，而且是我们的自由之父，不仅是我们的父亲，而且是这个大陆上的每一个人的父亲。正是由于看到了这项业绩，希腊人敢于为他们后来的解放冒战争的危险——他们是在马拉松战斗的那些人的学生。

【241】"因此，我的讲演要把最高等级的荣耀归于他们，要把第二位的荣耀归于那些在萨拉米②附近海面和在阿特米西乌③进行战斗和获取胜利的人。有关这些人的业绩，人们也能提供详细解释——他们如何坚守阵地，抵挡敌人从海上和陆上发起的进攻，如何把侵略者赶走。而我只提我认为他们所获得的最杰出的成就：他们是马拉松勇士的继承者，完成了可与马拉松勇士相媲美的业绩。马拉松的勇士在那里向希腊人表明，我们可以以少胜多，【b】从陆上打退野蛮人的进攻，但在海上会如何仍存疑问，因为波斯人享有不可战胜的名声，由于他们兵员众多、供应充分、技术娴熟、军力强大。这尤其是那些在海战中取胜的勇士们的光荣，他们把希腊人从第二种恐惧中解放出来，使人们不再害怕敌军舰船和兵员的优势。结果就是，其他希腊人有了两位老师——【c】马拉松战斗中的勇士和萨拉米海战中的水手；作为前者的学生，其他希腊人学习陆战，作为后者的学生，其他希腊人学习海战，由此他们抛弃了恐惧野蛮人的习惯。

"有关希腊人争取解放的业绩，我把普拉蒂亚④列在第三位，无论是参战人数，还是勇敢程度——说到底，这是拉栖代蒙人和雅典人共同努力的结果。

---

① 胜利的象征，占领敌军阵地后在战场上竖起木桩，将敌军的盔甲挂在上面。

② 萨拉米（Σαλαμία），海岛名。

③ 阿特米西乌（Αρτεμισίω），地名。这次战斗发生于公元前480—前479年，大流士之子薛西斯率波斯军队第二次入侵希腊本土。

④ 普拉蒂亚（Πλατία），地名。公元前479年波斯将领马多尼厄斯率兵侵犯希腊，希腊联军与侵略者决战于普拉蒂亚，以少胜多，取得决战胜利。

"所以，参加这些战役的人驱逐了巨大的危险。我们现在正在歌颂他们的勇敢，将来我们的后代也会歌颂他们。后来，【d】虽然仍有许多希腊城邦臣服于野蛮人，还有传闻说那位国王本人心里还想对希腊发动新的战争。因此，我们提起这些人也是对的，他们扫荡了大海，把野蛮人的军队彻底清除，使他们的先驱者为我们的解放事业所做的贡献臻于完成。他们是参加欧律墨冬① 河口海战的勇士、远征塞浦路斯② 的勇士，【e】以及远航到埃及③ 和其他地方的人。我们必须满怀感恩地提到他们，因为他们迫使那位国王当心自己的安全，不再策划毁灭希腊的阴谋。

【242】"就这样，为了保护我们自己和我们的希腊同盟者，整个城邦把这场抗击野蛮人的战争坚持到了最后。然而，一旦取得和平，城邦获得荣耀，就像成功者会招来妒忌一样，我们的城邦招来了邻邦的妒忌——通过妒忌又产生了怨恨。于是，她只好犹豫不决地与希腊人打仗。战争爆发的时候，为了波埃提亚④ 人的自由，雅典人与拉栖代蒙人在唐格拉⑤ 开战，【b】尽管战况不明，但后续的行动是决定性的。因为拉栖代蒙人在撤退的时候抛弃了那些他们前去帮助的人，但我们的人两天后在恩诺斐塔⑥ 取得了胜利，公正地让那些不公正地遭到流放的人回归。他们是波斯战争以后最先为希腊人的自由而战的人，以新的方式——【c】希腊人反对希腊人；由于他们证明了自己是勇士，解放了他们前去支援的那些人，他们是第一批被光荣地埋葬在这个公墓中的人。

---

① 欧律墨冬（Εὐρυμέδον），河名。

② 塞浦路斯（Κύπρος），地名。

③ 埃及（Αἴγυπτ），这些军事行动大约发生在公元前461—前458年。

④ 波埃提亚（Βοιωτία），地区名，位于希腊本土中部。

⑤ 唐格拉（Τανάγρα），地名，位于波埃提亚东部，公元前457年雅典人在此处被拉栖代蒙人打败。

⑥ 恩诺斐塔（Οἴνοφύτα），波埃提亚重镇。

　　"后来，一场大战① 爆发，所有希腊人攻打我们的城邦，蹂躏我们的土地，对我们城邦曾经为他们做的事情恩将仇报，我们的国人在海上打败了他们，在斯法特里亚② 俘虏了指挥他们的拉栖代蒙人将领，后来又饶恕了他们，【d】把他们遣送回家，缔结了和平。我们的国人认为，与同一民族的人打仗只要取胜就可以了，不必为了报复一个城邦而毁灭整个希腊的共同利益，而对付野蛮人就应当全面开战。参加这次战争而后被埋葬在这里的人值得赞扬，因为他们表明了，如果有人认为在从前那场对付野蛮人的战争中有其他人比雅典人还要勇敢，那么这不是真的。【e】当希腊人盛行内讧的时候，尽管在希腊人中间表现最好的是雅典人，但在这种情况下，他们表明雅典人会被希腊人自己征服，而希腊人曾经共同努力征服野蛮人。

　　"在这次和平之后，第三次战争③ 爆发——战争极为惨烈，【243】令人们所有的期盼破灭。许多勇士在战争中牺牲，长眠在这里。许多人在西西里海岸边倒下，为了林地尼④ 人的自由，他们曾在战争中多次竖起战利品。为了恪守誓言，他们渡海去这些地方保护林地尼人，而当他们的城邦发现由于距离太过遥远而无法及时增援他们的时候，他们放弃计划，遭遇了不幸。他们的敌人，尽管是对手，对他们的自制和勇敢的赞扬多于其他朋友。赫勒斯旁⑤ 海战中也有许多人牺牲，【b】他们在一次行动中就俘获了敌人的全部战船，此外还在多次交战中获胜。

　　"我之所以说这次战争极为惨烈，令所有期盼破灭，乃是由于其他极端妒忌我们城邦的希腊人竟然与他们最凶恶的敌人、那位国王谈判，

---

① 指伯罗奔尼撒战争的前半部分（公元前432—前421 年），亦称作"阿基达弥亚战争"，阿基达弥亚是一位斯巴达国王的名字。

② 斯法特里亚（Σφαγία），地名。此事发生在公元前425 年，即伯罗奔尼撒战争的第七个年头。

③ 希波战争算第一次。第三次战争指波罗奔尼撒战争的后半部分，战争爆发的起因是雅典派兵远征西西里，战争一直延续至公元前404 年。

④ 林地尼（Λεοντῖνος），地名。

⑤ 赫勒斯旁（Ἑλλήσποντ），地名。

当年被他们和我们共同联合驱逐出去的敌人又被他们请了回来，[①] 联合起来对付我们的城邦。

【c】"就在这个时候，我们城邦的力量和勇敢光芒四射。她的敌人以为她已经被战争消耗殆尽，我们的舰船当时被困在米提利尼[②]，但是，我们的公民自己组织了 60 条船前往救援。他们的勇敢得到世人公认，因为他们战胜了敌人，拯救了朋友。由于遭遇厄运，他们在海上遇难，未能埋葬在这里。[③] 我们必须永远纪念他们，赞扬他们，【d】因为凭借他们的勇敢，我们不仅赢得了那场海战，而且赢得了整场战争。通过他们，城邦重新获得了不可战胜的名声，哪怕是整个世界都来攻打她，也不能取胜。这种信念是真实的。因为我们是被我们自己的内讧打败的，不是被其他人打败的；对于他们，我们时至今日仍旧立于不败之地，但是，我们征服了我们自己，我们用自己的手把自己打倒了。

【e】"后来，当战事平息、我们与领国和平相处的时候，内战[④] 在我们中间爆发，以这样的方式进行：如果人们命中注定要打内战，那么没有人能够期盼他的城邦免遭其他城邦的打击。多么令人欢欣鼓舞，多么自然——与其他希腊人的期盼形成鲜明对照——来自庇莱乌斯[⑤]的公民与雅典城里的民众达成了和解！他们中止了讨伐在厄琉息斯[⑥]的那些人的战争，表现出极大的节制！

【244】"凡此种种事件发生的唯一原因在于他们拥有真正的同胞之情，这种情感给他们基于血缘关系的友谊提供了坚实的基础，这种友谊

---

① 公元前 412 年斯巴达人与波斯人联合进攻雅典人。
② 米提利尼（Μυτιλήνη），地名，该战役发生在公元前 407 年。
③ 公元前 406 年阿基努斯群岛战役，雅典战胜斯巴达，但损失了 25 艘战船的全部兵员。
④ 这场内战指公元 403 年，三十僭主寡头统治，恢复雅典民主制，时值伯罗奔尼撒战争末期，他们在斯巴达的帮助下掌权。
⑤ 庇莱乌斯（Πειραιῶς），阿提卡半岛西部的一个港口，距离雅典约四哩。
⑥ 厄琉息斯（Ἐλευσῖς），地名，公元前 404 年，三十僭主在雅典执政 18 个月后被逐往厄琉息斯。

不仅是言辞，而且是事实。我们也必须纪念在这场战争中死于相互之手的人和试图通过仪式达成协和的人，就如我们今日所为——祈祷和献祭——向冥府众神祈祷，他们掌管死者，因为我们自己也是被和解的。他们不是出于恶意或敌意才相互攻伐，【b】而是由于遭遇不幸才进行还击。我们这些仍旧活着的人自己可以作证，我们属于同一种族，已经为我们过去所做的事情和我们承受的事情相互宽恕。

"在那之后，我们获得了完全的和平，我们的城邦得享安宁。她原谅了那些野蛮人；她已经沉重地打击了他们，而他们也元气大伤。但是希腊人激起了她的愤怒，因为她想起这些人如何以怨报德，【c】——通过勾结野蛮人，剥夺她的战船，而这些战船曾经救援他们，还要拆毁城墙，而正是我们的城墙曾经使他们的城墙免于被拆毁。① 城邦制定了一项政策，不再保卫被奴役的希腊人，无论是各城邦之间相互奴役，还是被野蛮人奴役，并依此行事。所以，由于这是我们的政策，【d】拉栖代蒙人认为我们这些自由卫士已经倒下，他们现在要做的事情是奴役其他希腊人，以此为他们的主要目标。

"我干吗还要继续讲这个故事呢？从现在起，我不再讲述从远古直到我们上一代所发生的事情。我们自己全都记得，希腊的主要部族——阿耳戈斯人、波埃提亚人、科林斯②人——如何在惊恐万状之下感到需要我们城邦，最为神奇的是，连那位国王也感到困惑，他的拯救不是起于别处，而是来自这个城邦，而他曾经疯狂地想要摧毁这个城邦。

【e】"事实上，如果有人想要公正地指责我们的城邦，那么他可以正确地指责她，说她始终过于富有同情心，总是热心地帮助弱者。尤其是当前这个时期，她不能坚持恪守她制定的政策——【245】亦即拒绝帮助那些受到奴役、但以往曾不公正地伤害过她的那些城邦。正好相

---

① 为了抵抗薛西斯的侵略，雅典人放弃了他们的城墙，转移到海上，用战船组成"木头城墙"，打击侵略者，如希波战争期间萨拉米海战中所为。斯巴达在伯罗奔尼撒战争结束时的和平条款中提出要拆毁雅典城墙和战船。

② 科林斯（Κορίνθια），城邦名。

反，她还是伸出援手，前去救援，把希腊人从奴隶制下解放出来，使他们获得自由，直到他们再次奴役他们自己的同胞。另一方面——出于对那些在马拉松、萨拉米、普拉蒂亚竖起战利品的胜利者的尊重——她不能忍受亲自去帮助那位国王，而是只允许那些流放者和雇佣兵去帮助他，大家都赞同她是这位国王的救星。在重修城墙和战船以后，【b】她接受了对她发动的战争，她这样做是被迫的，为了帕罗斯①人对拉栖代蒙人作战。

"那位国王看到拉栖代蒙人在海战中已经无法支持下去，开始害怕我们的城邦。出于想和我们断绝联系的愿望，他要我们放弃拉栖代蒙人从前交给他的在亚细亚大陆上的希腊人，②作为继续与我们和其他同盟者结盟的代价。他之所以这样做，【c】乃是因为他相信我们会拒绝这项要求，这样他就可以用这个借口与我们断绝同盟。他对其他结盟者的估计也是错的；科林斯人、阿耳戈斯人、波埃提亚人以及其他城邦愿意把那些在亚细亚的希腊人交给他，并愿意与他发誓订立条约，只要他能支付一笔钱，他们就会把这些在亚细亚大陆上的希腊人交给他。但只有我们城邦不愿这样做，不肯出卖他们或者立下誓言。这就是我们这个城邦高尚的地方，我们的自由精神是健全的、健康的，我们对野蛮人从心底里感到厌恶，【d】因为我们是纯种希腊人，没有混杂一点儿蛮夷的污点。这是由于那些按出生是野蛮人、按法律是希腊人的部落——珀罗普斯、卡德摩斯、埃古普托斯、达那俄斯的后代，③——不住在我们中间。我们单独居住——我们是希腊人，而非半个野蛮人。因此，我们的城邦充满对外族人的强烈憎恨。

---

① 帕罗斯（Πάρος），爱琴海上的一个岛屿。

② 公元前412年，斯巴达人引入波斯人参加伯罗奔尼撒战争，打击雅典人。

③ 珀罗普斯（Πέλοπες）、卡德摩斯（Καδμείους）、埃古普托斯（Αἴγυπτος）、达那俄斯（Δαναοῖς），均为传说中某些希腊城邦国家的国王或王子。许多希腊城邦都有探险家，在建城的传说中，珀罗普斯来自小亚细亚，在迈锡尼建城，卡德摩斯来自腓尼基，在底比斯建城，埃古普托斯和达那俄斯来自埃及和利比亚，在阿耳戈斯建城。

"就这样，我们发现自己再次受到孤立，【e】因为我们拒绝犯下可耻的、亵渎神灵的罪行，把希腊人交给野蛮人去处置。于是我们又落入从前导致我们战败的相同境地，然而这一次，有神明的庇佑，战争的结局比上一次要好：我们与盟邦的联系虽然被切断，但我们没有失去战船、城墙、殖民地。由于这个原因，我们的敌人对于能够缔结和平也非常高兴！但是，【246】我们在这场战争中失去了许多勇士，比如在科林斯险恶的战场上牺牲的人，在莱卡乌姆①叛乱中遇难的人。还有，在困境中解救过那位国王的人、把拉栖代蒙人逐出大海的人也是非常勇敢的。我要提醒你们和我一道，赞美他们，荣耀他们。

"事实上，这就是长眠于此的勇士们的业绩，是那些为雅典牺牲的勇士们的行为。我已经对他们作了许多赞颂，但是可讲的事迹还有很多，更加精彩；【b】要想逐一细说，那是许多个昼夜都不够的。所以我们必须纪念牺牲者，就像在战争中一样，每个人都要鼓励他们的后代，要他们不要辱没先辈的英名，不要胆怯，不要退却。所以，勇士的儿子们，我今天已经对你们进行了鼓励，【c】但凡今后有机会遇见你们，我还要不断提醒你们，鼓励你们，使你们努力成为勇士。

"在这样的场合，我有义务转达我们的父亲对在家里的人的嘱咐，每一次要冒生命危险的时候，他们总是命令我们这样做，因为他们知道自己有可能牺牲。我要把我自己从他们那里听来的话转告你们——按照他们话语来判断——如果他们现在还活着，也会乐意讲给你们听的。无论我对你们说了什么，你们一定要想象你们是在听他们讲话。下面就是他们的嘱咐：

【d】"'孩子们，当前情况表明，你们是勇敢的父亲所生。与其卑贱地活着，我们宁可高尚地去死，不愿使你们和你们的后代受到指责，也不愿辱没我们的父辈和祖宗。我们认为，给他的家族带来耻辱的人纵然活着也等于死人，我们认为，凡人也好，众神也罢，没有一个会成为这

---

① 莱卡乌姆（λεχαίων），地名。

种人的朋友，无论是活在这个世界上，还是死后去下面那个世界。

"'所以，你们必须记住我们说的话，无论做什么事，【e】都要凭借勇敢去实现，要知道，没有勇敢，所有财富和生活方式都是可耻的，卑鄙的。因为，财富不会给胆小鬼带来荣耀，这种人的财产实际上属于别人，不属于他自己，身体的美貌和膂力也不会给人带来荣耀，尽管胆小鬼身上好像有这些东西。正好相反，它们只会使人更加明白他是个什么样的人，他有多么胆怯。还有，【247】一切知识若与正义和其他美德相分离，均可视为欺诈，而非智慧。

"'由于这些原因，你们要始终坚定不渝地勇敢行事，以各种方式全面超越我们和我们祖先的荣耀。如果你们不这样做，那么可以肯定，如果我们在勇敢方面超过你们，我们的胜利会给我们带来耻辱；如果我们被你们超越了，我们的失败会给我们带来快乐。给我们带来失败、【b】给你们带来胜利的最确定的方式是你们自己做好准备，决不要辱没或浪费你们祖先的卓越名声，因为你们要明白，对一个有自尊的人来说，不是由于他自身的功绩，而是由于他祖先的荣耀而受到赞扬，这是一种耻辱而不是光荣。祖先的光荣对后代来说是一个高尚而珍贵的宝库，但若只是享用宝库中的财富和荣耀，不能将之传给后代，因为自己既不去获取，又缺乏公众的认可，那么这样做是可耻的，怯懦的。【c】如果你们按照我们的告诫去生活，那么当命运要你们到我们这里来的时候，我们会把你当作朋友来接待；但若你们不听我们的建议，像胆小鬼那样行事，那么没有人会欢迎你。要你转达给我们的儿子的话就说到这里。

"'至于对我们那些仍旧还活着的父母，应当不停地鼓励他们忍受悲哀，要他们平静地对待我们的死亡，不要聚在一起伤心。【d】因为他们能够忍受降临于他们的不幸，这些不幸足以使他们悲伤，不需要别人再来激发。比较好的办法是治疗和抚慰他们，提醒他们众神已经回答了他们最虔诚的祈祷。因为他们没有祈求让他们的儿子永生，而是祈求让他们的孩子勇敢和荣耀。这就是——最大的恩惠——他们得到的东西。凡人要在今生拥有一切是不容易的，不能期待一切如意。

"'如果他们勇敢地承受悲伤，那么他们真的就是勇敢的儿子们的父亲，他们自己也是勇敢者；【e】如果他们过于悲哀，那么会给人们的怀疑提供理由，要么他们不是我们的父亲，要么人们对我们的赞扬是错的。这两种情况一定不要发生。正好相反，他们必须成为我们的颂扬者，表明他们自己也是真正的人，是真正的人的真正的父亲。"切勿过度"一直被认为是一条极好的谚语——因为它确实极好。因为，人的一生的最佳安排，或者全部安排，就是依靠自己来提升幸福。【248】这样的人生活好坏不依赖其他人，不听凭命运摆布；这样的人是有节制的，是勇敢的和聪明的。财产来而复去，子女得而复失，他都会记住那句谚语；因为他依靠自己，不会过度欢乐，也不会过度悲伤。

【b】"'这种人就是这样，我们期待我们的父亲是这样的人，我们希望他们是这样的人，我们说他们是这样的人。还有，这也是我们自己现在要做的事——既不要太悲伤，也不要太害怕，哪怕我们的死期降临。我们恳求我们的父母带着这样的情感度过余生。我们想要他们知道，对我们唱挽歌和痛哭不会给我们带来专门的快乐。正好相反，如果死者还能感知活人的事，【c】那么使我们最不高兴的事情是他们伤害自己和过度悲哀。而听到他们平静而有节制地承受痛苦会使我们开心。这时候我们的生命会有一个结局，这对凡人来说是最高尚的，所以更为恰当的事情是庆祝而不是悲哀。只要照料和抚养我们的妻子和儿女，把心思转移到对活人的关心上来，他们很快就会忘记不幸，【d】更加高尚地生活，更加正直地生活，与我们的希望更加一致。

"'对我们的父母要说的话就是这些。这个城邦——我们要勉励她照料我们的父母和子女，要她教育我们的子女珍惜我们年迈的父母，如果我们真的不知道城邦会很好地照料他们——不需要我们的任何告诫。'

【e】"孩子们，父母们，死去的勇士命令我把这些话告诉你们，我已经十分用心地说了。就我自己而言，以这些勇士的名义，我请求他们的儿子效仿他们，我恳求他们的父亲要对自己有信心，要知道，我们，作为个人和作为社团，都会珍惜你们的老年，照料你们，无论在任何地方，我们中的任何人遇上了你们中的任何一位。无疑，你们自己也明白城邦对你们的关心：她已经制定了法律，由城邦来供养战死者的家属，城邦会照顾他们的子女和父母。【249】与其他由城邦供养的公民相比，照料这些勇士的父母，使他们免受不公正的对待，更是最高行政当局的主要职责。城邦本身帮助抚养烈士的遗孤，尽力使他们不感到自己是孤儿。他们尚未成年的时候，城邦对他们起着父亲的作用。等他们成年以后，城邦就会给他们各自配上重装步兵的全副盔甲，指派他去担负终生的使命，把他父亲使用过的武器交给他，借此告诉和提醒他父亲走过的道路，【b】与此同时，为了征兆的缘故，允许他第一次去祖宗的灶台，那里摆放着各种兵器，在那里他成为一家之主。①

"至于那些死难者本身，城邦决不会忘记荣耀他们，每年都为他们举行公祭，又对每位烈士分别给予祭奠，此外她还举行竞技、赛马、音乐等各项比赛。很简单，对死者来说，【c】城邦以儿子和后嗣的身份自居；对死者的儿子来说，城邦以父亲的身份自居；对死者的父母和长辈来说，城邦以保护人的身份自居；城邦对他们全都担负起完全和持久的责任。

"想到这一点，你们应当更加耐心地忍受你们的悲哀，这样你们就能使死难者和活着的人都感到高兴，你们的悲哀也就更容易抚慰和治愈。你们大家都已经按照习俗对死者表示了哀悼，现在可以回去了。"

【d】美涅克塞努，你已经听到了米利都的阿丝帕希娅的演说词。

美　宙斯在上，苏格拉底，你的阿丝帕希娅确实非常幸运，她是一个女人，竟然能够创作这样一篇演说词。

苏　如果你有怀疑，可以跟我一起去听她演讲。

美　我经常和阿丝帕希娅说话，我知道她是个什么样的人。

苏　那好吧，难道你不崇拜她、对她的演讲不表示感谢吗？

美　我崇拜她，苏格拉底，我非常感激这篇演讲——【e】对她，

---

① 雅典在大狄奥尼修斯节庆期间，让战死者家属中已成年的儿子身穿重装步兵的盔甲，在剧场与民众见面，此后成为一家之主，掌管家庭和家产。

或者对向你复述这篇演讲的人。还有，我感谢把这篇演讲讲给我听的人，为了这件事，也为了他的其他许多帮助。

苏　很好，但你一定别把我出卖了，这样的话，我以后还会把她许多精美的政治演说词告诉你。

美　放心吧。我不会的。只是，你一定要告诉我。

苏　好吧，一言为定。

小希庇亚篇

提　要

　　本篇是柏拉图的早期作品，以谈话人希庇亚的名字命名。柏拉图有两篇对话，都叫"希庇亚"，较长的称作《大希庇亚篇》，较短的称作《小希庇亚篇》。亚里士多德引述过《小希庇亚篇》，但没有提及作者的名字。一般认为《小希庇亚篇》是柏拉图的真作，因为从亚里士多德时代起人们就一直这么看，而《大希庇亚篇》则是伪作。公元 1 世纪的塞拉绪罗在编定柏拉图作品篇目时，将本篇列为第五组四联剧的第四篇，称其性质是"驳斥性的"，称其主题是"论虚假"。①"虚假"一词的希腊文是"ψευδής"。这个词的释义有"假"、"错"、"撒谎"，等等。这个希腊词的反义词是"ἀληθής"（真、对、真实、诚实）。谈话篇幅较短，译成中文约 1 万 2 千字。

　　谈话可以分为三个部分：第一部分（363a—365d），交代谈话场景，引出主题。希庇亚是一位伟大的智者，在奥林比亚赛会上展示自己的演讲才能。表演过后，苏格拉底要求希庇亚进一步解释他对荷马史诗中的两位英雄阿喀琉斯和奥德修斯的看法。希庇亚对自己的智慧充满自信，声称"从未发现有任何人在任何事情上比我强"。(364a) 希庇亚说，荷马在史诗中认为阿喀琉斯是攻打特洛伊的希腊英雄中"最优秀，最勇敢的"，是诚实的，而奥德修斯是"聪明的"，是撒谎者，不讲真话。希庇亚同意荷马的看法，认为诚实和说谎是对立的，同一个人不能既是诚实

---

① 参阅第欧根尼·拉尔修：《名哲言行录》3：60。

的，又是撒谎者。

第二部分（365d—369b），讨论诚实和说谎的关系。苏格拉底对希庇亚的观点提出质疑。苏格拉底指出，撒谎者是有能力的人，没有能力的人不能撒谎，撒谎者是有知识的人，最能就事物说真话，也最能就事物说假话；在任何学问和技艺中，同一个人可以既是诚实的，又是撒谎者，既说真话，又说假话。在苏格拉底的追问下，希庇亚承认自己没有能力找到诚实与说谎对立的事例。

第三部分（369c—376c），揭示有意和无意、自觉和不自觉的矛盾。希庇亚坚持认为，阿喀琉斯是诚实的，他撒谎是无意的，不自觉的；奥德修斯无论是在说真话还是在撒谎，都是有意的，自觉的；无意撒谎者比有意撒谎者要好。苏格拉底说自己一开始的想法与希庇亚完全对立，然后又认为自己的想法太轻率，需要进一步讨论"自觉做坏事的人好，还是不自觉地做坏事的人好"这个问题。（373c）经过一番推论，他们答出"那些自觉地作恶的灵魂比那些不自觉地作恶的灵魂要好"这样的结论。（375d）希庇亚和苏格拉底都表示不能接受这个结论。苏格拉底说，普通人在这些事情上摇摆不定，不足为奇，但像希庇亚这样的聪明人也这样，那真是太可怕了！

正　文

谈话人：欧狄库、苏格拉底、希庇亚

欧　【363】你为何不说话，苏格拉底，在希庇亚①作了一番展示之后？你为什么不和我们一道赞扬他所说的某些观点和事情，或者对某些事情进行考察，如果你感到有什么事情他说得不好——尤其是，大多数声称要来分享哲学训练的人已经离开，只剩下我们自己了？

苏　确实如此，欧狄库②，【b】希庇亚刚才谈论荷马时提到的有些

---

①　希庇亚（Ἱππίας），智者，谈话人。
②　欧狄库（Εὔδικυς），谈话人，也出现在《大希庇亚篇》。

事情我想再听听。因为你父亲阿培曼图①曾经说荷马的《伊利亚特》比《奥德赛》要好，就好比阿喀琉斯②比奥德修斯③要好；他说，这两部诗歌一部是关于奥德修斯的，另一部是关于阿喀琉斯的。我想就此再提些问题，如果希庇亚愿意。对这两个人他是怎么想的？【c】他们中的哪一位他认为更好？因为在刚才的展示中他已经把所有事情都告诉我们了，有关其他诗人的事和有关荷马的事。

欧　希庇亚显然不会拒绝回答你向他提出的任何问题。对吗，希庇亚？如果苏格拉底问你一些事，你愿意回答，还是不愿意回答？

希　噢，如果我不愿意，那就太奇怪了，欧狄库。每逢希腊人在奥林比亚④举行庆典，【d】我都要从埃利斯⑤的家中去那里的神庙，应邀在那里讲话，谈论任何我准备展示的主题，回答任何问题，只要有人想问。现在我几乎不可能不回答苏格拉底的问题。

苏　【364】你的心灵状态确如天神一般，希庇亚，如果你每次去奥林比亚神庙都对你的灵魂的智慧充满自信！如果有体育运动员去那里参加竞赛，也能对他的身体无所担忧，充满自信，就像你所说的对你的理智一样，那么我会感到惊讶！

希　我处于这样的心灵状态是合理的，苏格拉底。从我参加奥林比亚竞技会的比赛开始，我从未发现有任何人在任何事情上比我强。

苏　【b】答得好，希庇亚。你的名望对埃利斯城邦和你的父母来说是一座智慧的丰碑。不过，关于阿喀琉斯你对我们是怎么说的？你说他们哪一位比较好，在什么方面？刚才你演讲的时候有很多人在场，尽管我不明白你说的事情，但我对要不要向你提问犹豫不决。刚才人太多了，我不想由于提问而妨碍你的表演。而现在，只有我们几个，欧狄库

---

① 阿培曼图（Ἀπημάντος），欧狄库之父。

② 阿喀琉斯（Ἀχίλλειος），荷马史诗中的希腊联军大英雄。

③ 奥德修斯（Ὀδσσεύς），荷马史诗中的希腊联军英雄。

④ 奥林比亚（Ὀλυμπία），地名。

⑤ 埃利斯（Ἠλεῖος），地名。

又催着要我向你提问，【c】所以，你就说吧，清楚地对我们进行一番指导。关于这两个人，你是怎么说的？你如何区分他们？

希 好吧，我也很高兴能比刚才更加清楚地向你解释我对这些人和其他人的看法。我说荷马把阿喀琉斯说成那些去特洛伊①的人中间"最优秀和最勇敢"的人，把涅斯托耳②说成最聪明的人，把奥德修斯说成最狡猾的人。

苏 你在说什么？希庇亚，如果我难以理解你的话，经常重复我的问题，【d】你能帮个忙，不笑话我吗？请你试着温和地、好脾气地回答我。

希 苏格拉底，我收费授徒，如果我本人不能仁慈地对待你的提问，温和的加以回答，那是我的耻辱。

苏 说得好。说实话，当你说这位诗人把阿喀琉斯说成"最优秀和最勇敢"的人，把涅斯托耳说成最聪明的人的时候，【e】我想我懂你的意思。但是当你说他把奥德修斯说成最狡猾的人的时候——嗯，说实话，我完全不明白你这样说是什么意思。不过，告诉我这一点吧，也许能使我理解得好些。荷马没把阿喀琉斯说成狡猾的吗？

希 肯定没有，苏格拉底，而是说他最朴素、最诚实；因为在那段所谓"祈祷词"中，他让他们交谈，阿喀琉斯对奥德修斯说：【365】"拉埃尔特③之子、宙斯的后裔、足智多谋的奥德修斯，我会把心里想要做的事明明白白地说出来，我相信我一定会这样做。有些人心里想的是一回事，嘴上说的是另一回事，这种人就像哈得斯④的大门那样可恨。【b】而我心里怎么想，嘴上就怎么说。"⑤在这几行诗中，他清楚地揭示了他们各自的行为方式，阿喀琉斯是诚实的，朴素的，而奥德修斯是狡猾

---

① 特洛伊（Τροία），地名。

② 涅斯托耳（Νέστωρ），荷马史诗中的希腊联军英雄。

③ 拉埃尔特（Λαερτες），奥德修斯之父。

④ 哈得斯（Ἀιδης），亦译冥府。

⑤ 荷马：《伊利亚特》9：308—310,312—314。这段"祈祷词"的场景是奥德修斯、福尼克斯、埃阿斯恳求阿喀琉斯平息愤怒，重返战斗。

的，是撒谎者①；因为他让阿喀琉斯对奥德修斯说了这些话。

苏　现在，希庇亚，我也许懂你的意思了。你的意思是狡猾的人是撒谎者，或者像撒谎者。

希　【c】确实如此，苏格拉底。荷马在许多地方都把奥德修斯说成这种人，既在《伊利亚特》，又在《奥德赛》当中。

苏　所以看起来，荷马认为诚实的人是一种人，撒谎者是另一种人，他们不是同一种人。

希　他怎能不这样想，苏格拉底？

苏　你自己也这样想吗，希庇亚？

希　当然，苏格拉底，如果我有别的想法，那岂不是很奇怪？

苏　【d】那么我们不谈荷马了，因为我们不可能去问他写下这些诗句时是怎么想的。但由于你显然接下了这件事，对你所说的他的意思表示同意，那就由你来代表荷马和你自己来回答我的问题。

希　好吧。不管问什么，请尽量简短。

苏　你认为撒谎者，就像病人一样，没有能力做任何事情，还是有能力做某些事情？

希　我说他们非常有能力做许多事情，尤其是骗人。

苏　【e】所以，按照你的论点，他们好像既是有能力的，又是狡猾的。对吗？

希　对。

苏　他们是狡猾的，是骗子，是由于愚蠢和笨拙，还是由于狡诈和某种理智？

希　肯定是由于狡诈和理智。

苏　所以他们好像是理智的。

希　对，宙斯在上。他们非常精明。

苏　既然他们是理智的，他们不知道他们在做什么，还是知道他们在做什么？

---

① 或译为"说了假话的人"，无论其主观意向是否欺骗。

希　知道得很。这就是他们干坏事的方式。

苏　明白他们知道的事，那么他们是无知的，还是聪明的？

希　【366】当然是聪明的，至少在这些事情上：欺骗。

苏　停一下。让我们回忆一下你说了些什么。你主张撒谎者是有能力的，有理智的，有知识的，在他们撒谎的这些事情上是聪明的，是吗？

希　我是这么主张的。

苏　诚实者和撒谎者不同，相互之间完全对立吗？

希　我是这么说的。

苏　那么好吧。按照你的论点，撒谎者是有能力的人，聪明的人。

希　当然。

苏　【b】当你说撒谎者在这些事情上是有能力的，聪明的时候，你的意思是他们有能力撒谎，如果他们想要撒谎的话，还是在他们是撒谎者的事情上没有能力？

希　我的意思是他们有能力。

苏　那么，简言之，撒谎者是聪明的，有能力撒谎。

希　对。

苏　所以，一个没有能力撒谎和无知的人不会是个骗子。

希　对。

苏　【c】但是一个人，当他想做某事的时候就能做，这样的人是有能力的。我的意思是，有些人受阻于疾病或其他类似的事情不能这样做，有些人，比如你，要是愿意，就有能力写下我的名字。你有能力做这件事，只要你想做。这就是我的意思。或者，你不会说这样的人是有能力的吧？

希　我会这样说。

苏　现在告诉我，希庇亚，你不是精于计算和算术吗？

希　我对所有这些都极为精通，苏格拉底。

苏　所以如果有人问你，七百的三倍是多少，如果你愿意，你难道不会马上把正确答案告诉他吗？

希　【d】当然会。

苏　因为你在这些事情上是最能干，最聪明的吗？

希　是的。

苏　那么，你仅仅是最有能力的，最聪明的，还是你在这些你是最有能力，最聪明的事情上也是最优秀的，也就是在算术中？

希　当然也是最优秀的，苏格拉底。

苏　那么关于这些事情，你最有能力说真话吗？

希　【e】我认为是这样的。

苏　但对同样这些事情，你能说假话吗？请你仍以到现在为止表现出来的坦率和宽宏大量的态度来回答，希庇亚斯。假如有人问你三乘七百是多少，而你想要撒谎，始终一贯地说这些事情的假话，【367】那么你能极好地撒谎吗？或者说，对计算一无所知的人比你更有能力撒谎，如果他希望这样做的话？你不认为，无知者经常不自觉地说了真话，当他希望说假话的时候，如果发生这种情况，乃是因为他不懂；而你，一个聪明人，如果希望撒谎，你能始终一贯地撒谎吗？

希　能，事情就像你说的一样。

苏　那么，撒谎者在其他事情上撒谎，而不对数字撒谎——对数字他不会撒谎吗？

希　不，宙斯在上，对数字他也撒谎。

苏　【b】所以我们应当坚持这一点，希庇亚，有这样的人，他对计算和数字撒谎。

希　是的。

苏　谁会是这个人？他一定没有能力撒谎吗，如你刚才同意的那样，如果他想要成为一名撒谎者？如果你记得，你说过一个没有能力撒谎的人决不会变成撒谎者。

希　我记得。我说过。

苏　你刚才不是说你最有能力在计算方面撒谎吗？

希　对。我也说过这样的话。

苏　【c】那么，你也最有能力在计算方面说真话吗？

希　当然。

苏　那么同一个最有能力人对计算既能说假话又能说真话。这个人在这些事情上是好的，是算术家，是吗？

希　是的。

苏　那么谁在计算方面成了撒谎者，希庇亚，这个好人以外的其他人吗？因为这个人也是有能力的，诚实的。

希　显然如此。

苏　那么，你看到同一个人对这些事情可以既是撒谎者又是诚实的，【d】诚实者并不比撒谎者好到哪里去吗？确实，诚实者和撒谎者是同一个人，二者并非完全对立，如你刚才所假设的那样。

希　好像不是对立的，至少在这个范围内。

苏　那么，你希望考察其他范围吗？

希　如果你想要。

苏　你对几何不也很擅长吗？

希　是的。

苏　那么好，在几何学中不也是一样的吗？同一个人不是最有能力对几何图形既说真话又说假话，也就是说，他就是几何学家吗？

希　是。

苏　还有其他人在这些事情上是好的，① 或者是几何学家吗？

希　【e】没有其他人了。

苏　那么这个好的、聪明的几何学家在这两个方面最有能力，不是吗？如果说有人能对图形说假话，那就是这个人，这个好的几何学家，是吗？因为他有能力撒谎，而坏人是没有能力的；一个没有能力撒谎的人不能成为撒谎者，如你所承认的那样。

希　对。

苏　让我们来考察第三个人，天文学家，【368】你认为对他的技艺你知道得比前面那些人的技艺更好。对吗，希庇亚？

---

①　在某些事情上好，亦即擅长做这些事情。

希 对。

苏 天文学中不也存在相同的情形吗？

希 可能是这样的，苏格拉底。

苏 在天文学中也是这样，如果有谁是撒谎者，那一定是那个好天文学家，他有能力撒谎。而一定不会是那个没有能力的人，因为他是无知的。

希 好像是这种情形。

苏 所以同一个人在天文学中既是诚实的又是撒谎者。

希 好像是这样的。

苏 【b】那么来吧，希庇亚。让我们对所有学问做相似的考察。看有什么学问与我们说过的这些学问不同，或者全都是这个样子？我知道你在许多门技艺中都是最聪明的人，因为我曾听到你为此而自夸。在市场上，在钱庄老板的桌边，你谈论你那伟大的，令人妒忌的智慧。你说你有一次去奥林比亚，身上所有东西都是你自己制造的。首先，你戴的戒指——你从这样东西开始说起——是你自己的作品，【c】表明你懂得如何雕刻戒指。另外有一枚印章，也是你的作品，还有一块刮身板①和一个油瓶，是你自己造的。然后你说，你自己切割皮子做了你现在穿在脚上的这双凉鞋、自己织布做了这件斗篷和外衣②。最令所有人感到非比寻常的，展示出最伟大的智慧的，是你外衣上镶的花边，很像最昂贵的波斯花边，也是你自己做的。除了这些东西，你说你还带来了诗歌——史诗、悲剧、【d】酒神颂歌，以及各式各样的散文作品。你说你带来知识，这种知识使你在我刚才提到的所有科目中出人头地，还有韵律、谐音、订正字母，此外还有许多事情，如果我还记得。噢，我好像忘了提起你的记忆术，你认为自己在这方面是最出色的。我假定，【e】我还忘了其他许多事情。但是，我要说，看一下你自己的技艺——它们

---

① 一种工具，用来刮除体育训练以后为清洗汗水和泥土涂在皮肤上的橄榄油的残渣。

② 希腊人长达膝盖的短袖束腰外衣。

已经足够了——还有其他人的技艺，告诉我，你是否发现有任何事例，在其中一个人是诚实的，而另一个人（注意区别，不是同一个人）【369】是撒谎者。找一个事例，无论用你的什么智慧，或者你要是喜欢，叫它罪恶也可以，或者随便你怎么叫它；但是你找不到，我的朋友，因为根本不存在这样的事例。所以，你说吧！

希　但是，我做不到，苏格拉底；至少，我现在做不到。

苏　我想，你决无可能做到。但若我说的是真的，你应当记得从我们的论证中可以推论出来的结果。

希　我完全不明白你的意思，苏格拉底。

苏　我假定这是因为你没有使用你的记忆术；你显然认为现在你不需要。不过，我会提醒你的。【b】你记得你说过阿喀琉斯是诚实的，而奥德修斯是撒谎者，是狡猾的吗？

希　我说过。

苏　那么你现在明白了，我们已经发现这同一个人既是撒谎者又是诚实的，所以如果奥德修斯是撒谎者，那么他也变成了诚实的，如果阿喀琉斯是诚实的，那么他也变成了撒谎者，所以，这两个人不是相互不同的，也不是相互对立的，而是相同的，是吗？

希　噢，苏格拉底！你老是在编造论证之网。【c】你把论证最困难的地方挑出来，纠缠这些细节，而不就整个主题展开讨论。所以，现在，如果你愿意，我会用充足的论据向你证明，荷马把阿喀琉斯说得比奥德修斯好，不是撒谎者，而把后者说成是骗人的，撒了许多谎，比阿喀琉斯要坏。然后，如果你愿意，你可以提供一项与我的论证相匹配的论证，以证明奥德修斯较好。以这种方式，在场的人就能比以前更加明白我们中间谁讲得比较好。

苏　【d】希庇亚，我不置疑你比我聪明，但这是我的习惯，别人说了些什么，我就密切注意他，尤其是说话者在我看来是聪明的。这是因为我想要了解他的意思，我不停地向他提问，对他说的事情逐一加以考察，这样我自己就能弄明白了。如果说话者在我看来是个没有价值的人，那我既不会提问，也不在意他说了些什么。用这种方法，你能知道我把哪些人当作聪明人。【e】你会发现我谈到这类人的时候是一贯的，我不停地向他提问，这样才能从中获益，学到某些东西。所以，我注意到，你在刚才的讲话中引述的那些诗句——阿喀琉斯对奥德修斯说话，表明奥德修斯好像是个骗子——在我看来是荒谬的，如果你说的对，【370】那么我们不能在任何地方把奥德修斯（狡猾的这一个）人描绘成骗子，并且按照你的论证，阿喀琉斯才应当被描绘成狡猾的。在任何情况下，他都撒了谎。他先说了你刚才复述过的那些话，"有些人心里想的是一回事，嘴上说的是另一回事，这种人就像冥王的大门那样可恨"。①【b】稍后，他说自己不会听从奥德修斯和阿伽门农②的劝告，也不会留在特洛伊。他又说："明天我会向宙斯和全体天神献祭，然后我会把船只装上货物，拖到海上。只要你愿意，这样的事还值得你关心，那么你就会看到，拂晓时我的船就会航行在多鱼的赫勒斯旁③海上，【c】我的人热心划桨；要是那位闻名的震撼大地的海神赐我顺利的航行，第三天我就能到达土地肥沃的弗提亚。"④还有，在此之前，他在辱骂阿伽门农时说："我现在要回弗提亚，带着我那些有着鸟嘴形船头的战船，那样要好得多，【d】我可不想在这里忍受侮辱，为你挣得财产和金钱。"⑤尽管他说了这些事情——一次当着全军的面，一次当着他的同伴的面——但他没有在任何地方准备或者企图拉走战船，航行回家。倒不如说，他表现出一种对说真话的高度蔑视。所以，希庇亚，我从头到尾都在向你提问，【e】因为我感到困惑，诗人对这两个人的刻画哪一个更好，我想他们两位都是"最优秀的和最勇敢的"，很难辨别哪一位更好，不仅涉及他们哪一个在说真话，哪一个在撒谎，而且也涉及美德；因为在这个方面，两个人也差不多。

---

① 荷马：《伊利亚特》9：308。
② 阿伽门农（Αγαμέμνον），迈锡尼国王，攻打特洛伊时的希腊联军统帅。
③ 赫勒斯旁（Ἑλλήσποντ），地名。
④ 荷马：《伊利亚特》9：357—363。震撼大地的海神指波赛冬。弗提亚（Φθία），神话中的冥府福地。
⑤ 荷马：《伊利亚特》1：169—171。

希　那是因为你没有正确地看待这个问题，苏格拉底。阿喀琉斯说谎的时候，他被刻画为撒谎，但不是有意的，而是无意的，他被迫待在军中，等这支军队遭遇不幸的时候提供帮助。而奥德修斯撒谎是有意的，有目的的。

苏　你在欺骗我，亲爱的希庇亚，你在模仿奥德修斯！

希　【371】完全不是，苏格拉底！你什么意思？你指什么？

苏　我指你说阿喀琉斯撒谎不是有意的——他也是这样的一个骗子和阴谋家，还要加上他的欺诈，如荷马所说的那样。他表现得比奥德修斯还要聪明，很容易就把奥德修斯骗了而不被察觉，面对奥德修斯，他自相矛盾，而奥德修斯竟然没有察觉。不管怎么说，奥德修斯没有被刻画成对阿喀琉斯说了些什么，【b】表明他察觉到阿喀琉斯撒了谎。

希　你在说什么，苏格拉底？

苏　你难道不知道，他在对奥德修斯说自己拂晓时就要起航回家以后，他对埃阿斯没有说自己要起航回家，而是另一种说法？

希　他在哪里说的？

苏　在那些诗句中，他说："在英勇的普利亚姆①之子、【c】神一般的赫克托耳②杀死阿耳戈斯人，放火烧毁密耳弥冬③人的营帐之前，我不会准备参加这场流血的战争。但我怀疑，尽管赫克托耳渴望打仗，但他一定会在我的营帐和黑色的船只前停下来。"④【d】所以，希庇亚，你认为这位忒提斯⑤之子，曾经受教于贤人喀戎⑥的人，记性那么坏吗——尽管前不久他还用最极端的言辞攻击撒谎者——他本人对奥德修斯说要起航回家，对埃阿斯他说要留下？他这样做不是有意的吗？他把

---

①　普利亚姆（Πρίαμος），人名，特洛伊国王。

②　赫克托耳（Ἥκτωρ），人名，特洛伊王子。

③　密耳弥冬（Μυρμιδόν），地名。

④　荷马：《伊利亚特》9：650。

⑤　忒提斯（Θέτις），海洋女神，希腊神话说阿喀琉斯为珀琉斯和这位海洋女神所生。

⑥　喀戎（Χείρωνος），人名。

奥德修斯当作大傻瓜，以为凭着自己这样的阴谋和谎言可以轻易地让他上当？

希　【e】在我看来不是这么回事，苏格拉底。倒不如说，在这些事情上也是由于阿喀琉斯的诚实，所以被诱导着对埃阿斯和奥德修斯说了不同的话。而奥德修斯无论是在说真话还是在撒谎，都是有意的。

苏　那么说到底，奥德修斯要比阿喀琉斯好。

希　肯定不是这样，苏格拉底。

苏　为什么不是？刚才不是已经表明无意撒谎者比有意撒谎者要好吗？

希　【372】但是，苏格拉底，那些故意不公正的、自觉的、有目的的作恶者怎么会比那些不自觉地行事的人要好呢？因为这些人似乎更加温和，当他们行事不公正但不自知，或者撒谎，或者做其他坏事的时候。法律也一样，对那些自觉作恶和撒谎的人要比对那些不自觉地作恶的人严厉得多。

苏　【b】你瞧，希庇亚，我说过我向聪明人提问非常固执，我说的是真话吗？我想这可能是我唯一可取之处，而我拥有的其他品质全都是没有价值的。我搞错了事物存在的方式，不知道它们如何存在——当我与你们这些人当中的某一位在一起的时候，你们拥有崇高的智慧名声，全体希腊人都可以为你们的智慧作证，我为这一点找到了充分的证据，我证明了自己一无所知。我很好地认识到，【c】我对这些事情的看法和你完全不同；我不同意聪明人的意见，还能有什么更大的证据能证明我的无知呢？但我神奇地拥有的一项良好品质救了我，我学习而不怕羞耻。我询问和提问，对回答我的问题的人抱着深深的感激之情，从来不会忘了向他们表示感谢。当我学会了什么东西，我也决不否认，或者把学到的东西说成是自己的发现。与此相反，我会赞扬教我的人，把他们当作聪明人，宣称我是向他学来的。【d】所以，我现在不能同意你说的话，我非常强烈地表示反对。我非常明白这是我的错——这是由于我就是我是的这种人，不会把自己说得更好，超过我应得的。在我看来，希庇亚，我的看法和你说的完全对立：那些伤害别人的人、行事不公正的人、撒谎骗人的人、做了错事的人是自觉的，而非不自觉的，他们比那些不自觉的这样做的人要好。然而，有时候我相信与此相反的观点，【e】我来回反复思考这个问题——这显然是由于我的无知所致。而此刻我又显得太轻率了，竟然认为自觉做坏事的人比不自觉地做坏事的人要好。我要责备前面那些论证，它们要为我当前的处境负责，它们使我认为那些不自觉地做这些事情的人比那些自觉地做这些事情的人更无价值。【373】所以，请对我发发善心，不要拒绝治疗我的灵魂。如果你能把我的灵魂从无知中解救出来，胜过给我的身体治病，那么你真的是帮了我的大忙了。但若你想发表长篇演说，我要提前告诉你，你治不好我，因为我跟不上你。如果你愿意回答我的问题，像刚才一样，你会使我极大地获益，我认为你本人也不会受到伤害。我也想公正地请求你的帮助，阿培曼图之子，因为是你强迫我与希庇亚讨论。所以现在，如果希庇亚不愿回答我，你要代我向他求情。

欧　【b】好吧，苏格拉底，我认为希庇亚不需要我们的恳求。因为他早先不是这样说的，他说他不会逃避任何人的提问。对吗，希庇亚？这不是你说的吗？

希　是我说的。但是苏格拉底老是在论证上制造混乱，他的争论好像不公平。

苏　噢，杰出的希庇亚，我不是自觉的，否则的话我就是聪明的和可怕的了，按照你的论证，我是不自觉的。所以请你对我仁慈一些，因为你说应当温和地对待不自觉地做了不公正事情的人。

欧　【c】不管怎么说，就这么办吧，希庇亚。为了我们，也为了你前面说过的话，回答苏格拉底向你提出的问题。

希　好吧，我会回答的，因为你提出了请求。苏格拉底，你想问什么就问吧。

苏　希庇亚，我很想考察我们刚才说的：自觉做坏事的人好，还是不自觉地做坏事的人好。我认为，我们进行考察的最佳方式如下。请你回答。你把某类赛跑者称作好赛跑者吗？

希　【d】是的。

苏　也有一类坏的吗？

希　对。

苏　你认为跑得好的是好赛跑者，跑得坏的是坏赛跑者吗？

希　对。

苏　跑得慢就是跑得坏，跑得快就是跑得好吗？

希　对。

苏　那么，在比赛中，跑得快是好事，跑得慢是坏事吗？

希　还能怎样？

苏　那么，哪一种人是较好的赛跑者：自觉地跑得慢的人，还是不自觉地跑得慢的人？

希　自觉地跑得慢的人。

苏　跑步不也是做事吗？

希　做事，当然了。

苏　如果是做事，它不也是在完成某件事情吗？

希　【e】是的。

苏　所以跑得坏的人很坏地完成了一件事，在赛跑中是可耻的。

希　很坏，还能怎样？

苏　跑得慢的人就是跑得坏吗？

希　是的。

苏　所以那个好的赛跑者自觉地完成了这件坏的和可耻的事，而那个坏的赛跑者是不自觉的吗？

希　好像是这样的，至少。

苏　那么，在赛跑中不自觉地做了坏事的人比自觉地做了坏事的人更无价值吗？

希　【374】在赛跑中，至少是这样的。

苏　摔跤比赛怎么样？哪一位是比较好的摔跤手，自觉摔倒的，还是不自觉地摔倒的？

希　自觉摔倒的，好像是这样的。

苏　在摔跤比赛中，摔倒更可耻，还是把对手摔倒更可耻？

希　摔倒更可耻。

苏　所以，在摔跤比赛中，自觉地完成某些可耻事情的那个人比不自觉地完成这些事情的那个人更是一名较好的摔跤手。

希　好像是这样的。

苏　其他身体活动怎么样？【b】不是身体较好的人更能够完成两类活动吗：强的和弱的，丑陋的和美妙的？所以，每当完成丑陋的身体活动时，身体好的人自觉地完成，身体差的人不自觉地完成，是吗？

希　就膂力而言，也是这样的。

苏　优雅怎么样，希庇亚？不是较好的身体能够自觉地摆出那些丑陋的姿势，较差的身体则是不自觉的吗？你怎么想？

希　没错。

苏　【c】笨拙也一样，自觉的笨拙与美德相关，而不自觉的笨拙与可鄙相关。

希　显然如此。

苏　关于声音你会说些什么？你会说哪一位较好，有意跑调的，还是无意跑调的？

希　有意这样做的。

苏　那些无意这样做的处于较差的境地？

希　对。

苏　你宁可拥有善物还是拥有恶物？

希　善物。

苏　那么你宁可自觉地拥有瘸腿，还是不自觉地拥有瘸腿？

希　【d】自觉地。

苏　但是，拥有瘸腿不就表示拥有无价值的、笨拙的腿吗？

希　是的。

苏　好，再来；看不清不就表示拥有无价值的眼睛吗？

希　对。

苏　那么，哪一种眼睛你希望拥有和使用：你能用它们自觉地看不清楚和看错的眼睛，还是不自觉地看不清楚和看错的眼睛？

希　那些有了它们人就能自觉地看的眼睛。

苏　所以你认为自觉地完成可鄙结果的器官好于不自觉地吗？

希　是的，在这些类别的事例中。

苏　那么，用一句话来概述，耳朵、鼻子、嘴、【e】以及所有感官：那些不自觉地完成坏结果的感官不值得拥有，因为它们是无价值的，而那些自觉地完成坏结果的感官值得拥有，因为它们是好的。

希　我也这样认为。

苏　那么好吧。哪些用具用来工作比较好？那些人用来自觉地达成坏结果的用具，还是不自觉地用来达成坏结果的用具？比如，是人用来不自觉地很坏地操纵方向的那个舵，还是人用来自觉地很坏地操纵方向的那个舵？

希　人用来自觉地很坏地操纵方向的那个舵。

苏　弓、琴、笛，以及其他东西，不也是同样的情况吗？

希　【375】你说得对。

苏　那么好吧。一匹有着这种灵魂的马、骑着它人能自觉地让它跑得坏，拥有一匹这样的马比较好，还是拥有一匹不自觉地跑得坏的马比较好？

希　自觉地。

苏　所以，这是一匹比较好的马。

希　是的。

苏　那么，有了这匹较好的马的灵魂，人可以自觉地作出这个灵魂的可鄙的行为，有了无价值的母马的灵魂，人可以不自觉地作出这些可鄙的行为。

希　肯定是这样的。

苏　狗，或者其他动物，也是这么回事吗？

希　是的。

苏　那么好吧。对弓箭手来说，【b】拥有一颗自觉射不中靶子的灵魂较好，还是拥有一颗不自觉地这样做的灵魂较好？

希　自觉这样做的灵魂。

苏　所以就射箭术而言，这种灵魂也是比较好的吗？

希　是的。

苏　不自觉地射不中靶子的灵魂比自觉地射不中靶子的灵魂更无价值。

希　在射箭术中，确实如此。

苏　医学怎么样？自觉地对身体干坏事在医疗中不是更好吗？

希　是的。

苏　那么这种灵魂在这种技艺中比其他灵魂要好。

希　对。

苏　那么好吧。至于弹琴弹得较好、【c】吹笛子吹得较好，以及在这些技艺和学问中做事做得较好的灵魂——不是它在自觉地完成坏的和可耻的事，而那些较无价值的灵魂这样做是不自觉的吗？

希　显然如此。

苏　有些奴隶的灵魂自觉地做错事和做坏事，我们也许宁可拥有这样的奴隶，不要那些不自觉地这样做的奴隶，因为他们在这些事情上比较好。

希　是的。

苏　那么好吧。我们难道不希望拥有我们自己处于最佳状态的灵魂吗？

希　希望。

苏　【d】所以，它是自觉地作恶或者做错事比较好，还是不自觉地这样做比较好？

希　这样的结论是可怕的，苏格拉底，如果那些自觉地作恶的灵魂比那些不自觉地作恶的灵魂要好！

苏　不管怎么说，看起来就是这样，至少它与我们已经说过的话相符。

希　我不这么看。

苏　但是，希庇亚，我认为这些结论对你也是一样的。请你再次回答：公正是某种能力还是知识，或者既是能力又是知识？或者说，公正必定是其中之一吗？

希　【e】是的。

苏　但若公正是灵魂的能力，不是灵魂越有能力也就越公正吗？因为，我的杰出的朋友，这种灵魂不是向我们显示是比较好的灵魂吗？

希　是的，它向我们显示了。

苏　但若公正是知识会怎么样？不是灵魂越聪明就越公正，越无知也就越不公正吗？

希　对。

苏　但若公正既是能力又是知识会怎么样？不是灵魂越是更多地拥有二者——知识和能力——就越公正，越无知也就越不公正吗？结果不是必然如此吗？

希　好像是这样的。

苏　这个比较有能力，比较聪明的灵魂被视为较好的，【376】在它要完成的所有事情中有较强的能力，可以很好地做事，也可以可耻地做事，是吗？

希　是的。

苏　那么，每当它要达成可耻的结果，它这样做是自觉的，凭着它的能力和技艺，这些东西好像是公正的属性，要么二者都是，要么其中之一是。

希　好像是这样的。

苏　做不公正的事就是很坏地做事，而约束自己不做不公正的事就是很好地做事。

希　对。

苏　所以比较能干的和比较好的灵魂，当它不公正地做事时，会自觉地做不公正的事，而无价值的灵魂会不自觉地做事，是吗？

希　显然如此。

苏　【b】好人就是有好灵魂的人，坏人就是有坏灵魂的人，不是吗？

希　是的。

苏　因此，好人自觉地做不公正的事，而坏人不自觉地这样做；也就是说，只要好人有一颗好灵魂。

希　但他肯定有。

苏　所以，那个自觉地做错事、做可耻之事、做不公正之事的人，希庇亚——也就是说，如果有这样的人——他无非就是那个好人。

希　在这一点上我无法同意你的意见，苏格拉底。

苏　【c】我本人也不同意，希庇亚。但是，考虑到这个论证，我们现在无法加以拒绝，无论它是怎么看我们的。然而，如前所说，我在这些事情上摇摆不定，来回反复，从不相信同一件事。我，或者任何普通人，在这些事情上摇摆不定，不足为奇。但若你们这些聪明人也会这样——这对我们来说真是太可怕了，如果我们不能停止摇摆，哪怕在我们与你们为伴之后。

伊 安 篇

提　要

　　本篇是柏拉图的早期作品，以谈话人伊安的名字命名。公元 1 世纪的塞拉绪罗在编定柏拉图作品篇目时，将本篇列为第七组四联剧的第三篇，称其性质是"探询性的"，称其主题是"论《伊利亚特》"。① 谈话篇幅短小，译成中文约 1 万 1 千字。

　　对话开始是简短的序言。(530a—531a) 与苏格拉底交谈的伊安是一位来自爱菲索的吟诵者。诗歌的创作和吟诵在古希腊被视为一门技艺和行业。吟诵者和医生、工匠一样被视为能工巧匠，凭借某种技能吟诵诗歌。技艺 (τέχνη) 这个词亦有手艺、技能、艺术、行业、行当、职业等含义，既可指文学、音乐、绘画、雕刻等艺术，又可指医药、耕种、骑射、畜牧等行业。伊安在节日庆典上吟诵荷马史诗，自认为是全希腊最伟大的吟诵者。他的自信与自满和苏格拉底的表现形成鲜明对照。谈话主体分为三个部分：

　　第一部分 (531a—532b)，谁能比较好地解释诗人的作品，谁能比较好地评价吟诵者的表现，谁能比较好地谈论专业问题。讨论得出的初步结论是：几乎所有诗人都处理相同的主题，因此同一个人可以恰当地评价和判断所有诗人，专业人士比诗人能更好地谈论相同的题材。

　　第二部分 (532b—536d)，证明吟诵者凭借灵感吟诵诗歌。伊安认为苏格拉底的意见不能解释他的情况：谈论其他诗人，伊安没有兴趣，

────────────

① 参阅第欧根尼·拉尔修：《名哲言行录》3：59。

也无话可说，更无贡献，而一谈论荷马，他马上头脑清醒，全神贯注，有一肚子话要说。苏格拉底认为这种现象不难解释，吟诵者谈论诗人的基础不是知识和技艺，而是神灵附体或灵感。缪斯女神首先使某些人产生灵感，然后通过他们传递灵感。在诗歌创作和吟诵中，诗人是最初的环节，乐师、演员、吟诵者是中间环节，观众是最后一环。在缪斯神力的吸引下，他们都像被磁石吸附的一个个的铁环，形成一条长链。诗歌就像光和长着翅膀的东西，是神圣的；只有神灵附体，诗人才能在神灵的激励下超越自我，离开理智，创作诗歌，否则他绝对不可能写出诗来。创作不是凭借知识和技艺，而是受神的指派。优秀的诗人受上天指派解释诸神的话语，而吟诵者又解释诗人的话语。诗人是神的代言人，吟诵者是诗人的代言人。

第三部分（536d—542b），证明吟诵者凭借知识和技艺谈论荷马。伊安要求苏格拉底更好地说明吟诵者赞扬荷马时有神灵附体或神志不清。苏格拉底指出，某一门技艺的行家比诗人更能判断那些有关技艺的谈论，因为这些行家掌握了这门技艺。苏格拉底最后要伊安在两种解释中做选择：使伊安能谈论荷马的是知识或者是对一门技艺的掌握，使伊安能谈论荷马的是得到神圣的馈赠，被荷马附身。

正　文

谈话人：苏格拉底、伊安

苏　【530】伊安①，你好！这个时候来看我们，你打哪儿来？从你的家乡爱菲索②来吗？

伊　不，才不是呢，苏格拉底。我从埃皮道伦③来，参加了那里的

---

① 伊安（Ἴων），本篇对话人。
② 爱菲索（Ἔφεσος），地名。
③ 埃皮道伦（Ἐπίδαυρος），希腊南部的一个城镇，建有阿斯克勒庇俄斯神庙。

阿斯克勒庇俄斯① 节庆典。

苏　你是告诉我，埃皮道伦人为了荣耀这位神在那里举行了诵诗比赛吧?

伊　的确是的! 他们还举行了各种诗歌和音乐② 比赛。

苏　真的! 你们参加比赛了吗? 结果怎样?

伊　【b】我们拔得头筹，苏格拉底!

苏　听你这样说真是太好了。嗯，你就瞧着吧，下面该轮到我们在雅典的大节③ 上获胜了。

伊　我们会赢的，苏格拉底，如果神保佑。

苏　说实话，伊安，我经常羡慕你的吟诵者④ 行当。你干的这个职业要求你外出时穿得漂漂亮亮，美丽动人;你同时还必须熟悉诗人——许多优秀诗人，【c】荷马列于首位，他是最优秀、最神圣的——你必须弄懂他的思想，而非仅仅熟读他的诗句! 干你们这一行确实令人羡慕! 我的意思是，如果不懂诗人的意思，就决无可能成为优秀的吟诵者。吟诵者必须向听众呈现诗人的思想，除非懂得诗人的意思，否则不可能很好地呈现。所有这些都令人羡慕。

伊　你说得太对了，苏格拉底。拿我自己来说，我在这门技艺的这个部分上花费了最大的功夫。我认为，关于荷马我比其他任何人都要讲得好，【d】无论兰萨库斯⑤ 的梅特罗多洛⑥ 、萨索斯⑦ 的斯特西洛图⑧ 、格

---

① 阿斯克勒庇俄斯 (Ἀσκληπιός)，医神。

② 音乐 (μουσική) 一词源于艺术女神缪斯 (ἡΜοῦσα)，广义上包括艺术的多个分支，并非仅指音乐。此处音乐一词是在广义上使用的。

③ 指泛雅典娜节 (Παναθήναια)，全希腊性质的节庆，各城邦都会派人来参加，祭祀雅典保护神雅典娜。

④ 吟诵者 (ῥαψῳδός)，在各种节庆中吟诵诗歌的人，后来成为一种职业。

⑤ 兰萨库斯 (Λαμψακηνὸς)，地名。

⑥ 梅特罗多洛 (Μητρόδωρος)，人名。

⑦ 萨索斯 (Θάσιος)，地名。

⑧ 斯特西洛图 (Στησίμβροτος)，人名。

劳孔①，还是其他任何一位已经仙逝或者仍旧还活着的人，都不能像我一样丰富与精炼地解读荷马。

苏 听你这么说真是太好了，伊安。如果要你演示一番，你不会感到有什么勉为其难的吧？

伊 当然，苏格拉底，我擅长给荷马诗句润色，很值得一听。我为荷马如此增色，我认为，配得上荷马子孙②向我奉献金冠。

苏 【531】是吗？不过还是另外再找时间吧。我现在特别想要你回答我的问题：你只对荷马的诗神奇地能干，还是同样熟悉赫西奥德③和阿基洛库斯④？

伊 不，我不熟悉，我只朗诵荷马。我认为这已经足够了。

苏 有没有什么话题，荷马和赫西奥德说的是相同的呢？

伊 有，我认为有。有很多。

苏 那么，对这些话题，你会把荷马的诗句解说得比赫西奥德的更美吗？

伊 【b】解说的同样好，苏格拉底，对这些话题，在他们说得一致的地方。

苏 他们说得不一致的话题你会怎么办？比如，占卜。荷马说过占卜，赫西奥德也说过。

伊 当然说过。

苏 好吧。在这两位诗人谈论占卜的所有地方，他们意见相同的地方也好，意见不同的地方也罢，谁能解释得比较好和比较美：是你，还是某位占卜师，如果他是出色的？

伊 占卜师。

苏 假定你就是一位占卜师：如果你真的能够解释两位诗人意见相

---

① 格劳孔（Γλαύκων），人名。

② 荷马子孙是荷马史诗吟诵者的行会，他们最初声称是荷马的后裔。

③ 赫西奥德（Hσίοδος），希腊诗人。

④ 阿基洛库斯（Aρχιλόχους），希腊诗人，擅长抒情诗和讽刺诗。

同的地方，你难道不也能知道如何解释他们意见不同的地方吗？

伊　这很清楚。

苏　【c】那么，你怎么有本事解说荷马，而不能解说赫西奥德和其他诗人呢？是因为荷马谈论的话题和其他所有诗人都不一样吗？他主要讲的不也是战争故事，讲社会上的人——好人与坏人，普通人和匠人——怎样相处吗？谈到众神，他不也是在讲它们相互之间如何相处，和凡人怎样来往吗？他不也是在讲述天上和地下发生的那些事情，讲述众神与英雄的出生吗？【d】这些就是荷马创作诗歌时的题材，不是吗？

伊　你说得对，苏格拉底。

苏　其他诗人怎么样？他们撰写相同的题材吗？

伊　对，苏格拉底，但他们的方式与荷马不一样。

苏　怎么不一样？他们的方式比较差吗？

伊　差远了。

苏　荷马的方式更好吗？

伊　宙斯在上，荷马的方式真的更好。

苏　好吧，伊安，亲爱的，假如有一群人讨论算术，其中有人讲得最好，【e】我想会有人知道如何把这位讲得最好的找出来。

伊　对。

苏　知道如何找出讲得最差的，和这个人是同一个人，还是别的人？

伊　当然是同一个人。

苏　这个人掌握了算术的技艺，对吗？

伊　对。

苏　好吧。假定有一群人在讨论饮食健康，他们中间有个人讲得最好。会有一个人知道这位最优秀的谈论者讲得最好，而有另一个人知道那个最差的谈论者讲得最差吗？或者说同一个人就能判断两种情况？

伊　显然是同一个人。

苏　他是谁？我们把他称作什么？

伊　医生。

苏　那么，概括一下我们说的意思：【532】当一些人谈论相同的话题，总是同一个人知道如何识别最佳谈论者和最差谈论者。如果他不知道如何识别坏的谈论者，他肯定也不知道如何识别好的谈论者——当然，就同一话题而言。

伊　是这样的。

苏　那么，这样一来，就变成同一个人对两种识别都"神奇地能干"① 了。

伊　对。

苏　你声称荷马和其他诗人，包括赫西奥德和阿基洛库斯，全都谈论相同的话题，但并非讲得一样好。他是好的，而他们是差的。

伊　对，这是真的。

苏　【b】如果你真的知道谁说得好，你也知道那些说得差的低劣的谈论者。

伊　显然如此。

苏　你太优秀了！所以，如果我们说伊安对荷马和其他所有诗人都一样能干，这样说不会有错。因为你自己同意，同一个人可以恰当地判断所有谈论相同题材的人，而所有诗人几乎都处理相同的话题。

伊　可是，苏格拉底，你该如何解释我的事情呢？人们讨论其他诗人的时候，【c】我就集中不了精力，也没有能力贡献什么有价值的看法，只会打瞌睡。但若有人提到荷马，我马上就清醒过来，全神贯注地听，也有一肚子话要说。

苏　这不难解释，我的朋友。无论谁都能告诉你，你没有能力以知识和技艺为基础谈论荷马。因为，如果你的能力来自技艺，你就能谈论其他所有诗人。瞧，诗歌的技艺是一个整体，不是吗？

伊　是的。

苏　【d】现在我们把其他任何一门技艺作为一个整体来考虑：其中不也贯穿着相同的原则吗？它适用于能够被掌握的每一门技艺。要我对

① 参阅本篇531a。

你说这些话是什么意思吗，伊安？

伊　宙斯在上，当然要，苏格拉底。我喜欢听你这样的聪明人讲话。

苏　我希望这是真的，伊安。不过，聪明？你肯定是聪明人，你们吟诵者和演员肯定是聪明人，你和你在使用他们作品的诗人肯定是聪明人。至于我，只说老实话，普通人说话就是这个样子。【e】我的意思是，哪怕是我现在向你提出的这个问题，你瞧它有多么普通和平凡。谁都能听懂我的话：一旦掌握了作为一个整体的技艺，你难道不会把相同的原则贯彻到底吗？让我们通过以下讨论来把握这一点：整个绘画是不是一门技艺？

伊　是的。

苏　古往今来画家很多，他们有好的，也有差的。

伊　当然。

苏　你见过有人能够指出阿格拉俄封①之子波吕格诺图②的作品什么地方好，什么地方不好，【533】但却不能指出其他画家作品的优劣吗？别人向他展示其他画家的作品，他就要打瞌睡，什么也说不出来，没有什么可贡献——但是，当他必须要对波吕格诺图或其他某个画家（只要是这一个）作出判断的时候，他就会突然醒来，专心致志，有一肚子的话要说——你知道有这样的人吗？

伊　宙斯在上，当然没有！

苏　好吧，再以雕刻为例。【b】你见过有人能够解释麦提翁③之子代达罗斯④、帕诺培乌斯⑤之子厄培乌斯⑥、萨摩斯⑦的塞奥多洛⑧，或某个

---

① 阿格拉俄封（Ἀγλαοφῶντος），人名。
② 波吕格诺图（Πολυγνώτους），公元前 5 世纪希腊大画家。
③ 麦提翁（Μητίονος），人名。
④ 代达罗斯（Δαιδάλος），希腊神话中的建筑师和雕刻家，希腊雕刻艺术的祖师爷。
⑤ 帕诺培乌斯（Πανοπέως），人名。
⑥ 厄培乌斯（Ἐπειους），雕刻家。
⑦ 萨摩斯（Σαμίους），地名。
⑧ 塞奥多洛（Θεοδώρους），雕刻家。

雕刻家的精美作品，但在面对其他雕刻家的作品时，却会打瞌睡，无话可说吗？

伊 宙斯在上，没有。我没见过。

苏 进一步说，这是我的看法，你从来不知道有谁是这样的——在吹笛子方面没有，在弹琴方面没有，在伴唱方面没有，在诵诗方面没有——你从来不认识这样的人，【c】他对奥林普斯①，或者对萨弥拉斯②，或者对奥菲斯③，或者对斐米乌斯④这位来自伊塔卡⑤的吟诵者能够很好地解释，但对伊安这位来自爱菲索的吟诵者却没有什么贡献，无法说出他的吟诵是否成功——你从来不知道有这样的人。

伊 在这一点上我无话可说，不跟你强辩，苏格拉底。但有一点我是知道我自己的：我谈论荷马比谁都要强，一提起荷马我就有许多话要说，大家也都承认我说得好。但是对其他诗人我就不这样了。你说这是怎么回事。

苏 【d】我的确知道这是怎么回事，伊安，我马上就告诉你我是怎么想的。我刚才说过，这不是一个你已经掌握了的主题——很好地谈论荷马；这是一种神圣的力量在推动你，就像一块磁石在移动铁环。这是欧里庇得斯⑥的说法，大多数人称之为"赫拉克勒斯石"⑦。这块石头不仅拉动这些环，如果它们是铁的，【e】而且也把力量赋予这些环，使它们也能像这块石头一样拉动其他环，许多铁环悬挂在一起，形成一条很长的铁链。它们之中蕴涵的力量全都依赖这块石头。以同样的方式，缪

---

① 奥林普斯（Ὀλύμπους），人名。
② 萨弥拉斯（Θαμύρους），人名。
③ 奥菲斯（Ὀρφεύς），希腊神话诗人。
④ 斐米乌斯（Φημίους），人名。
⑤ 伊塔卡（Ἰθάκα），地名。
⑥ 欧里庇得斯（Εὐριπίδης），希腊三大悲剧家之一，生于公元前484年，死于公元前407年。
⑦ 赫拉克勒斯石（ἠλίθος Ἡρακλείη），天然磁石产于玛格奈昔亚和小亚细亚的赫拉克利亚（Ἡρακλεία），故此得名。

斯①首先使某些人受到激励，然后通过这些受到激励的人吸引其他热衷艺术的人，形成一条长链。你知道，这些创作史诗的诗人，如果他们是好的，没有一个掌握了他们这个主题；他们受到激励，充满了灵感，这就是他们能够说出所有这些美妙诗句的原因。抒情诗人也一样，如果他们是好的；【534】就像那些科里班忒斯②在狂舞时头脑并不清醒一样，抒情诗人创造那些美妙诗句时头脑也不清醒，而是一旦开启和谐与韵律的航程，就充满了酒神信徒③般的疯狂。就像酒神信徒一旦被神灵附身就要去河流中汲取乳液和蜜汁，但决不是在他们头脑清醒的时候——抒情诗人的灵魂也一样，【b】他们自己就是这样说的。诗人告诉过我们，他们在缪斯的幽谷和花园里，在那流蜜的清泉旁采集诗歌，从那里把诗歌带给我们，就像蜜蜂一样飞舞。他们这样说是对的。因为诗人是想象的，长翅膀的，神圣的，只有受到激励，超越他的心灵，离开他的理智，否则不可能创作诗歌。只要还有理智，人就缺乏写诗或者发预言的能力。【c】由于诗人的创作不是凭借精通，也不是就他们的主题说许多美妙的东西，如你谈论荷马一样，而是凭借神的馈赠——每一位诗人都能美妙地创作，只要受到缪斯的推动，有的能创作酒神颂，有的能创作颂神诗，有的能创作合唱诗，有的能创作史诗，有的能创作短长格诗；如果创作的是其他类型的诗歌，他们的作品就毫无价值。你瞧，不是精通使他们能够说出这些诗句，而是由于某种神力，这是因为，他们若是通过对这个主题的掌握能很好地谈论一种类型的诗歌，那么他们也能谈论其他所有类型的诗歌。【d】由于这个原因，神剥夺他们的理智，把他们当作仆人来使用，就像对待占卜师和预言家一样，而我们这些听众应当知道，他们不是说出这些具有如此崇高价值的人，因为他们的理智已

---

① 缪斯（ἡΜοῦσα），希腊神话中九位艺术和科学女神的通称，此处指诗神。

② 科里班忒斯（Κορυβαντες），希腊宗教中大母神的祭司，在举行祭仪时狂歌乱舞，并用长矛胡乱碰撞，在疯狂中互伤。

③ 酒神信徒醉酒后的疯狂，参阅欧里庇得斯：《酒神的女祭司》（Bacchae）708—711。

经失去；真正说话的是神本身，神通过诗人把声音传达给我们。这种解
释的最佳证据来自卡尔昔斯①的廷尼库斯②，他从来没有创作过一首值得
一提的诗歌，除了那首人人传诵的颂歌，它几乎是所有抒情诗中最美的，
【e】绝对是"缪斯的作品"，如他自己所说。所以，我认为，胜过其他事
情，神用这件事向我们表明，使我们不怀疑，那些美妙的诗歌不是人的，
甚至不是来自人，而是神的，来自神；诗人什么都不是，只是众神的代
表，被依附他们的东西占有了。【535】为了表明这一点，神故意让这位
最差的诗人唱出最美妙的抒情诗。你认为我说得不对吗，伊安？

伊　宙斯在上，对，我确实认为你说得对。你的话说得我心悦诚
服，苏格拉底，依我看，优秀的诗人凭借神的馈赠才把这些源自众神的
诗歌向我们呈现。

苏　而你们这些吟诵者又呈现了诗人的话语。

伊　说得对。

苏　如此说来，你们就是转呈者的转呈者喽？

伊　相当正确。

苏　【b】等一下，伊安，我还有个问题。别对我保守任何秘密。当
你在很好地吟诵史诗，深深地拨动听众的心弦的时候，要么是你吟诵奥
德修斯的时候——他如何跳上高台，面向那些求婚者除去他的伪装，用
箭将他们射死——要么是你吟诵阿喀琉斯猛追赫克托耳③的时候，要么
是你吟诵安德洛玛刻④、赫卡柏⑤、普利亚姆⑥的悲惨故事的时候，【c】你
的神志是清醒吗，或者说你已经灵魂出窍？你的灵魂处于激情中，相信
自己身临其境，无论是在伊塔卡，还是在特洛伊，或是在史诗中的事情
实际发生的地方？

---

① 卡尔昔斯（Χαλκιδεύς），地名。
② 廷尼库斯（Τύννιχος），人名。
③ 赫克托耳（Ἥκτωρ），特洛伊王子。
④ 安德洛玛刻（Ανδρομάχος），荷马史诗中的人物。
⑤ 赫卡柏（Ἑκάβη），荷马史诗中的人物。
⑥ 普利亚姆（Πριάμος），特洛伊国王。

伊　你向我提供了一个鲜活的事例，苏格拉底！我不会对你保守秘密。听着，每当我吟诵一段悲惨的故事，我就热泪盈眶；每当我讲述一个恐怖的或可怕的故事，我也会害怕得毛骨悚然，心跳不已。

苏　【d】好吧，伊安，我们要说这个人在这样的时候神志是清醒的吗：参加节日庆典，人人衣着华丽，头戴金冠，尽管什么衣饰也没失去，但却在那里痛哭流涕——或者说，站在百万友善的民众中间，他感到恐怖，尽管无人想要剥去他的衣服，或者想要伤害他？这个时候他的神志是清醒的吗？

伊　宙斯在上，不是，苏格拉底。绝对不是，说真话。

苏　你要知道，你对你的大多数听众也产生了同样的效果，不是吗？

伊　【e】我非常明白我们做的事。我每次站在讲坛上往下看，他们大声哭喊，露出恐慌的表情，随着故事情节的进展，他们充满了惊愕。你瞧，我必须随时注意他们的情况：如果我成功地让他们哭了，那么我会欢笑，就好像我得了他们的钱财；如果他们笑了，那么我就该哭了，就好像我自己丢了钱财。

苏　你知道观众是最后一环，不是吗——就是我说的借助那块赫拉克勒斯石（磁石）的作用，相互之间获得力量的那些环？【536】中间的环是你们这些吟诵者或演员，最初的环是诗人本身。通过所有这些环，这位神把人们的灵魂拉向他所希望的地方，把力量从一个环传向另一个环。就好比第一个环悬挂在那块磁石上，合唱队的舞蹈演员、教舞蹈的教师、教师们的助手，全都悬挂在由缪斯吸引着的那些环上，形成了一条巨大的链条。【b】一名诗人依附一位缪斯，另一名诗人依附另一位缪斯，我们称之为"被附身"，这个意思相当接近了，因为他被把握了。从这些最初的环开始，也就是从诗人们开始，其他人分别依附在诗人身上，受到激励，有些人依附这个诗人，有些人依附那个诗人，有些人从奥菲斯那里得到灵感，有些人从穆赛乌斯[①]那里得到灵感，还有许多人

---

① 穆赛乌斯（Μουσαῖος），希腊神话传说中的诗人。

依附荷马，被荷马附身。你是其中之一，伊安，你被荷马把握了。有人吟诵其他诗人的作品时，你打瞌睡，无话可说；【c】而这位诗人的任何诗歌一旦响起，你马上就苏醒过来，神采飞扬，有许多话要说。你要知道，这不是由于你掌握了有关荷马的知识，才能说出你想说的话来，而是由于得到神的馈赠，因为你被把握了。科里班忒就是这种情况，他们有着敏锐的耳朵，但只对专门的乐曲，那首乐曲属于他们依附的神；伴随那首乐曲，他们有许多歌词和舞蹈动作；如果音乐不一样，他们就茫然不知所措了。你也一样，伊安，有人提起荷马，你就有许多话要说，【d】而提到其他诗人，你就茫然若失；对这个问题的解释就是——因为你问我，为什么你关于荷马有许多话要说，而对其他诗人无话可说——不是对主题的把握，而是神的馈赠，使你能够神奇地吟诵荷马的颂歌。

伊　你说得真好，苏格拉底。不过，要是你能很好地说明，足以令我信服我在赞扬荷马时神灵附体或神志不清，那么我会更加惊奇。如果你听过我谈论荷马，我不信你会这样想。

苏　【e】我确实想听你谈论，但你先回答我的问题：你谈论荷马的哪个话题最拿手？我想你不会对所有话题都很拿手吧？

伊　相信我，苏格拉底，我对每一个话题都很在行。

苏　对你正好一无所知的那些话题你肯定不在行，哪怕荷马谈论过它们。

伊　荷马讲过这些话题，而我却不知道——请问是什么话题？

苏　【537】荷马不是在许多地方谈论过技艺，对这个话题说了许多话吗？比如说，驾驭马车，要是我能记得那些诗句，我就背给你听。

伊　不，让我来背。我肯定记得。

苏　那就告诉我涅斯托耳①对他的儿子安提罗科斯②说了什么，当时在举行帕特洛克罗③的葬礼，赛车比赛前，涅斯托耳告诫他的儿子拐

---

① 涅斯托耳（Νέστωρ），荷马史诗中的希腊联军英雄。

② 安提罗科斯（Ἀντιλόχος），荷马史诗中的人物。

③ 帕特洛克罗（Πατρόκλος），荷马史诗中的人物。

弯时要当心。

伊　他说："你要倚靠在精制的战车里，【b】要在辕马的左侧，然后用刺棒和吆喝声驱赶，放松手里的缰绳。在拐弯处，要让里侧的辕马紧挨着路标驶过，让战车轮毂挨近那作标记的石头。但你一定要当心，切不可让那石头碰坏战车！"①

苏　【c】够了。谁能比较好地知道荷马这些话说的是否对，伊安，或者不限于这些具体的诗句——是医生还是驭手？

伊　当然是驭手。

苏　因为他掌握了这门技艺，还是有别的什么原因？

伊　没有。就是因为他掌握了这门技艺。

苏　神把知道某种功能的能力赋予每一门技艺。我的意思是，航海教我们的事情，我们不可能从医学中学到，是吗？

伊　当然不能。

苏　医学教我们的事情我们也不能从建筑中学到。

伊　【d】当然不能。

苏　其他每一门技艺莫不如此：我们通过掌握一门技艺学到的事情不可能通过掌握另一门技艺来学到，对吗？不过，先回答我这个问题。你同意技艺有不同——一门技艺与另一门技艺是不同的吗？

伊　对。

苏　这就是你确定哪些技艺不同的方法吗？当我发现涉及一种情况的知识所处理的主题与涉及另一种情况的知识不同的时候，【e】我就声称这门技艺与另一门技艺不同。你是这么做的吗？

伊　是。

苏　我的意思是，如果有一些相同主题的知识，我们为什么要说有两门不同的技艺呢？——尤其是当它们各自允许我们知道相同的主题！以手指为例：我知道有五个手指头，关于它们你也和我知道得一样多。现在假定我问你，这是同一门技艺——算术——教会了你和我相同的事

---

① 荷马：《伊利亚特》23：335—340。

情，或者说是两门不同的技艺。当然了，你会说同一门技艺。

伊 对。

苏 【538】现在请你回答我刚才提出的问题。你认为，这种情况对所有技艺来说都是相同的——相同的技艺必定教相同的主题，不同的技艺，如果它是不同的，必定教不相同的主题，而教不同的主题——对吗？

伊 我是这样想的，苏格拉底。

苏 那么，没有掌握一门技艺的人不能很好地判断属于这门技艺的事情，无论是谈论，还是做事。

伊 【b】对。

苏 那么，谁能比较好地知道在你刚才背诵的诗句里荷马是否说得美和说得好？是你，还是驭手？

伊 驭手。

苏 当然了，这乃是因为你是一名吟诵者，不是一名驭手。

伊 对。

苏 吟诵者的技艺和驭手的技艺不同吗？

伊 不同。

苏 如果它不同，那么它的知识也是关于不同主题的。

伊 是的。

苏 【c】那么，荷马在某个时候不是说涅斯托耳的小妾赫卡墨得①给受伤的马卡昂②喝大麦药酒吗？他好像说："她用青铜锉锉下一些山羊奶酪，拌入普拉尼③酒中，还在汤中放上一些葱调味。"④荷马说得对吗？这里的好处方来自医生的技艺，还是吟诵者的技艺？

伊 医生的。

---

① 赫卡墨得（Έκαμήδη），人名。
② 马卡昂（Μαχάον），人名。
③ 普拉尼（Πραμνεία），山名，产葡萄酒。
④ 荷马：《伊利亚特》11：630，639—640。

苏　荷马在某个时候说：【d】"她像铅坠子钻到深处，那坠子拴在圈养的公牛头上取来的角尖，它一直往下坠，给吃生肉的鱼带来死亡的命运。"① 我们应当说是凭着钓鱼人的技艺，还是吟诵者的技艺能够判断定他是否说得美，说得好？

伊　这很明显，苏格拉底。是凭着钓鱼人的技艺。

苏　【e】好吧，再请看。假定你是提问者，你问我："苏格拉底，由于你正在寻找荷马所涉及的每门技艺的段落——每门技艺应当加以判断的段落——那么请你告诉我：属于占卜师和占卜这门技艺的段落有哪些，这些段落他应当能够判断创作得好还是不好？"你瞧，我能轻易地给你一个正确的回答。在《奥德赛》中，诗人经常说起这种事情，就像特奥克吕墨诺斯② ——墨拉普斯③ 子孙的预言家——说的话：【539】"啊，你们这些恶人，你们在遭受什么灾难？你们的头脸手脚全都被黑夜笼罩，呻吟之声阵阵，两颊挂满泪珠。走廊里充满阴魂，又把厅堂遍布，全都要急匆匆地奔向黑暗的地狱，太阳的光芒从空中消失，【b】滚滚涌来的是邪恶的浓雾。"④ 在《伊利亚特》中，诗人也经常说起这种事情，比如城墙边的那场战事。他说："他们正急于要跨越壕沟，一只老鹰向他们飞来，在队伍左侧高高地盘旋，【c】鹰爪紧紧抓着一条血红色的大蛇，大蛇还活着，仍在拼力挣扎，不忘厮斗。它扭转身躯朝着老鹰猛击，甩中老鹰的颈旁前胸，老鹰痛得抛下大蛇，落在那支队伍中间。【d】它自己大叫一声，乘风飞去。"⑤ 我要说，这些段落和其他相似的段落属于占卜师。要由占卜师来考察和判断。

伊　这个回答是对的，苏格拉底。

苏　噢，你的回答也是对的，伊安。你现在告诉我——就好像我从

---

① 荷马：《伊利亚特》24：80—82。

② 特奥克吕墨诺斯（Θεοκλύμενος），人名。

③ 墨拉普斯（Μελάμπος），人名。

④ 荷马：《奥德赛》20：351—357。柏拉图略去了第354行。

⑤ 荷马：《伊利亚特》12：200—207。

《奥德赛》和《伊利亚特》中为你选出属于医生、占卜师、【e】钓鱼人的段落——以同样的方式，伊安，由于你对荷马作品的经验比我丰富，请你为我挑选一些属于吟诵者和他的技艺的段落，这些段落吟诵者能够比其他人更好地加以考察和判断。

伊　我的回答，苏格拉底，是"全部"。

苏　这不是你的回答，伊安。不是"全部"。或者你如此健忘？不，一位吟诵者不会如此健忘。

伊　【540】你认为我忘了什么？

苏　你还记得自己说过吟诵者的技艺和驭手的技艺不同吗？

伊　我记得。

苏　你不是同意由于他们是不同的，所以他们知道不同的主题吗？

伊　是的。

苏　所以按照你的看法，吟诵者的技艺不能知道一切，吟诵者也不能。

伊　但是，像这样的事情是例外，苏格拉底。

苏　【b】你用"像这样的事情"来表示例外的其他技艺的几乎全部主题，不是吗？但是，吟诵者能知道什么事情，如果不是一切的话？

伊　不管怎么说，我的看法是，他知道一个男人和一个女人适合说什么话——或者一名奴隶和一名自由民，或者一名追随者和一名领导人。

苏　所以——一位领导人在海上，他的船遇到风暴，他会说什么——你的意思是吟诵者会比舵手更知道该说些什么吗？

伊　不会，不会。舵手更知道。

苏　【c】当他在处理病人的时候，一名领导人应当说什么——吟诵者会比医生更知道吗？

伊　不会，也不会。

苏　但他知道一名奴隶应当说什么。这是你的意思吗？

伊　是的。

苏　举例来说，一名奴隶是个牧牛人，在牛群受惊要狂奔的时候，他应当说什么来让他的牛镇静下来——吟诵者知道说什么，而牧牛人不知道吗？

伊　肯定不是。

苏　关于纺织羊毛，【d】纺织毛线的妇女应当说些什么吗？

伊　不应当。

苏　男人应当说些什么吗，如果他是一名将军，要鼓舞士气？

伊　应当！吟诵者要知道的就是这种事情。

苏　什么？吟诵者的技艺和将军的技艺是一样的吗？

伊　嗯，我肯定知道将军应当说些什么。

苏　这也许是因为你正好也是一名将军，伊安！我的意思是，假如你正好同时既是驭手又是琴师，【e】那么你会识别好骑手和坏骑手。但若我问你："哪一门技艺教你好骑术——使你成为骑手的技艺，还是使你成为琴师的技艺？"

伊　骑手，我会说。

苏　如果你也能识别好琴师和坏琴师，教会你识别的技艺是使你成为琴师的技艺，而不是使你成为骑手的技艺。你不同意吗？

伊　同意。

苏　嗯，由于你知道将军的事务，你知道这一点是凭着当将军，还是凭着当一名好的吟诵者？

伊　我认为这两种说法没有什么区别。

苏　【541】什么？你说没区别？按照你的看法，吟诵者和将军是一门技艺，还是两门技艺？

伊　一门，我认为。

苏　所以，任何一名好吟诵者也是一名好将军。

伊　当然了，苏格拉底。

苏　还可以推论，任何一名好将军也是好吟诵者。

伊　不。这一次我不同意。

苏　【b】但是你同意：任何一名好吟诵者也是一名好将军。

伊　我非常赞同。

苏 你不是全希腊最优秀的吟诵者吗?

伊 迄今为止,苏格拉底。

苏 你也是一名将军吗,伊安? 全希腊最优秀的?

伊 当然了,苏格拉底。这方面,我也是从荷马的诗歌中学来的。

苏 噢,苍天在上,伊安,你既是希腊最优秀的将军,又是希腊最优秀的吟诵者,但你为什么只奔走于各地吟诵诗歌,【c】不去指挥军队? 你认为希腊真的需要一名头戴金冠的吟诵者,而根本不需要将军吗?

伊 苏格拉底,我的城邦被你们雅典人统治和指挥;我们不需要将军。此外,你的城邦和斯巴达都不会选我做将军。你们认为自己在这方面够好了。

苏 伊安,你说得太好了。你不是认识西泽库① 人阿波罗多洛② 吗?

伊 他是干什么的?

苏 【d】他是个外邦人,但却屡次被雅典人选为将军。安德罗斯③ 人法诺斯提尼④、克拉佐门尼⑤ 人赫拉克利德⑥——他们也是外邦人;他们已经证明了他们值得被关注,雅典人任命他们担任将军或其他公职。你认为,这个城邦,在作出了这样的任命之后,不会挑选爱菲索人伊安来荣耀他们,如果城邦认为他值得关注?【e】为什么会这样? 不就是因为你们这些来自爱菲索的人长期在雅典居住已经成了雅典人吗? 不就是因为爱菲索这个城邦并不比其他城邦差吗?

但是你,伊安,你在误导我,如果你说的是真的,那么使你能够赞扬荷马的是知识或者是对一门技艺的掌握。你使我确信,你知道许多关于荷马的可爱的知识,你许诺要表演给我看,但是你却在欺骗我,离你

---

① 西泽库 (Κυζικός),地名。

② 阿波罗多洛 (Ἀπολλόδωρος),人名。

③ 安德罗斯 (Ἄνδρος),地名。

④ 法诺斯提尼 (Φανοσθένη),人名。

⑤ 克拉佐门尼 (Κλαζομένιος),地名。

⑥ 赫拉克利德 (Ἡρακλείδης),人名。

的表演越来越远。你甚至不愿告诉我，你如此神奇地能干的事情是什么，尽管我一直在恳求你。真的，你活像普洛托斯①，弯来扭去，变化多端，【542】直到最后，你想逃离我的把握，把你自己说成是一名将军，以此逃避我要你做的证明，你对荷马为何出奇地聪明。

如果你真的掌握了你的主题，并且如我刚才所说向我许诺要为我表演荷马，那么你是在伤害我。如果你没有掌握你的主题，而是得到神圣的馈赠，被荷马附身，所以能够说出许多关于这位诗人的美妙话语，但却不知道这是怎么回事——如我所说——那么你没有伤害我。所以，请你选择吧，你想要我们怎样看待你——一个做错事的凡人，还是某个神圣者？

伊　【b】这有巨大差别，苏格拉底。被当作神圣者比较可爱。

苏　那我们就这么看你了，伊安，用比较可爱的方式：作为一位神圣者，而不是作为一位某门技艺的大师，你是荷马颂词的吟诵者。

---

① 普洛托斯（Πρωτεύς），海神波赛冬的仆人，有能力变形，以避免回答问题。参阅荷马：《奥德赛》4：385。

高尔吉亚篇

提　　要

　　本篇属于柏拉图早期对话中较晚的作品，以谈话人高尔吉亚的名字命名。公元 1 世纪的塞拉绪罗在编定柏拉图作品篇目时，将本篇列为第六组四联剧的第三篇，称其性质是"驳斥性的"，称其主题是"论修辞"。[1] 谈话篇幅较长，译成中文约 6 万 8 千字。对话发生在雅典某个公共场所，大约写于公元前 455—前 447 年间，与《普罗泰戈拉篇》写作时间相近。

　　"修辞"（ὁητοϱική）在希腊文中含义很广。古希腊人心目中的修辞学是运用语言的一门技艺。文辞的修饰，正确的语法，铿锵的音韵，崇高的风格都是修辞学的研究对象，而不限于演讲中的立论和词句修饰。希腊修辞学的发展与希腊古典时期智者的活动有密切的关联。词源学、语法学、音韵学、论辩术、演讲术都是修辞学的分支。修辞在本篇中主要指演讲术。

　　本篇记载了苏格拉底同三位智者的精彩辩论。高尔吉亚是声名显赫的修辞学大师，正在雅典一展雄姿。波卢斯是高尔吉亚的门徒，已经撰写了演讲术和论辩术的著作。卡利克勒也是一位坚定的智者，在对话中是最主要的发言人。凯勒丰是一位追随苏格拉底的青年，在对话中只起帮腔作用。整场讨论，苏格拉底同三位智者多次交锋，讨论了三个主要问题：(1) 演讲术的定义、对象和本质；(2) 道德原则和道德信念；(3)

---

[1]　参阅第欧根尼·拉尔修：《名哲言行录》3：59。

人生理想和政治哲学。

第一部分（447a—461b），苏格拉底与高尔吉亚的谈话。对话开始时，苏格拉底问高尔吉亚是做什么的？高尔吉亚说自己是一位优秀的演说家，精通演讲术。(449a) 高尔吉亚先后给演讲术下了三个定义：第一，演讲术是使用言语（讲话）的技艺 (449d)；第二，演讲术的言语所涉及的事物是最伟大、最崇高的 (451d)；第三，演讲术的本质在于它是一种劝说的技艺，掌握了演讲术可带来自由 (452d)。苏格拉底在讨论中建议区别两种不同的"劝说"：一是根据学得的知识分辨正确和错误，以此劝说人，另一种是根据似是而非的论辩使人相信某种意见。(452d) 演讲术与什么是公正和不公正无关。所以，演说家不是法庭和其他集会上的关于公正和不公正的事情的教师，而只是一名劝说者。(455a) 演说家不会不公正地使用演讲术，也不愿意去做不公正的事情。(461b)

第二部分（461b—481b），苏格拉底与波卢斯的讨论。波卢斯指责苏格拉底诱使高尔吉亚自相矛盾，反问苏格拉底什么是演讲术。(462C)苏格拉底认为演讲术是一种旨在产生某种满足和快乐的技巧。(462C)他直率地指出：演讲术根本不是知识意义上的技艺，只是一种用来讨人喜欢的奉承的本领，不值得赞誉。波卢斯不承认演讲术是冒牌的知识，骄傲地宣称演说家和僭主一样是城邦中最强有力的人，能在法庭或公共集会上左右局势，甚至能按照自己的意愿处死人。苏格拉底针锋相对地指出：演说家和僭主都是城邦中最没有能力的人，因为他们不知道什么是善，不能按照人的本性行善，只有知识和能力是善。(466B—469C)双方围绕演讲术的本质，探讨做不公正的事情和承受不公正的事情哪一样更糟糕。

第三部分（481b—527e），苏格拉底与卡利克勒辩论。卡利克勒的介入将辩论推向高潮。他认为苏格拉底对波卢斯的驳斥时而依据"约定"，时而依据"自然"，而智者主张人人生而平等，要靠自己的才能出人头地，强者战胜并统治弱者才是自然的正义。(481D—484A) 苏格拉底从道德哲学的高度批判卡利克勒，并阐述自己的人生理想和政治伦理。他指出，灵魂和身体都要做到公正和自我节制；如果一味追求强权，效法僭主，滥用权力，剥夺他人生命和财产，只能步入歧途；统治者治理城邦的首要任务是改善公民的灵魂，给他们知识教养，使他们过一种追求善的理性生活，这才是政治家的真正职责。(504A—513C) 在对话的最后部分，苏格拉底讲述了人死了以后其亡灵在冥府受审的故事，警示世人要行善不要作恶。(523A—527E)

正　文

谈话人：卡利克勒①、苏格拉底、凯勒丰②、高尔吉亚③、波卢斯④

卡　【447】他们说，这才是你在一场战争或者战斗中应当起的作用，苏格拉底。

苏　哦？我们像俗话说的那样"筵席将散才姗姗来迟"了吗？我们迟到了吗？

卡　没错，你们错过了一场温文尔雅的盛宴！高尔吉亚刚给我们作了一场精彩纷呈的演示⑤。

苏　这是凯勒丰的错，卡利克勒。他让我们在市场上闲逛得太久了。

凯　【b】没关系，苏格拉底。我还有个补救的办法。高尔吉亚是我的朋友，所以他会给我们演示的——如果你认为合适，现在就可以，或者其他时间，如果你喜欢。

卡　这算什么，凯勒丰？苏格拉底急于想听高尔吉亚演讲吗？

凯　对。这就是我们到这里来的原因。

---

① 卡利克勒（Καλλίκλεις），人名。

② 凯勒丰（Καιρεφῶν），人名。

③ 高尔吉亚（Γοργίας），著名智者，鼎盛年约为公元前 427 年。

④ 波卢斯（Πωλός），人名。

⑤ 演示（ἐπδείξατο），智者在授课时示范演讲，展示他们的演讲能力。

　　卡　那么好，在你们喜欢的任何时候到我家来。高尔吉亚住在我家，在那里他会演示给你们看。

　　苏　太好了，卡利克勒。但是，他愿意和我们讨论吗？【c】我想从这个人身上发现他的技艺能成就什么，他既在宣扬又在传授的事情是什么。至于另外一件事情，演示，就按你的建议，让他另外再找时间吧。

　　卡　向他提问，这不算什么，苏格拉底。实际上，这是他的演示的一部分。刚才他要我们在场的人随意提问，并且说他会回答所有问题。

　　苏　好极了！向他提问，凯勒丰。

　　凯　问他什么呢？

　　苏　【d】问他是谁？

　　凯　你这是什么意思？

　　苏　好，假定他是制鞋的，他会说他是个鞋匠，不是吗？或者说你不明白我的意思？

　　凯　我明白。我会问他的。请你告诉我，高尔吉亚，卡利克勒刚才说你声称要回答任何人有可能向你提出的任何问题，他说得对吗？

　　高　【448】他说得对，凯勒丰。实际上我刚刚作出承诺，我要说多年来还没有人向我提出过什么新问题。

　　凯　要是这样的话，你回答问题一定轻而易举，高尔吉亚。

　　高　不信你可以随便试试，凯勒丰。

　　波　宙斯在上，凯勒丰！要试就试我吧，如果你愿意！我想高尔吉亚相当累了。他刚刚才结束他的长篇讲话。

　　凯　真的吗，波卢斯？你认为你提供的回答比高尔吉亚更令人赞赏吗？

　　波　【b】这有什么关系，只要这些回答对你来说足够好就行了？

　　凯　是没有什么关系！那就由你来回答，因为这是你情愿的。

　　波　那你就提问吧。

　　凯　行。假定高尔吉亚对他兄弟希罗狄库①从事的技艺很有见识。

---

①　希罗狄库（Ἡρόδικος），人名。

那么我们该用什么样的正确名称来称呼他呢？不就是与他兄弟相同的那个名称吗？

波　是的。

凯　所以我们把他称作医生是对的吗？

波　是。

凯　如果他也在阿格拉俄封①之子阿里斯托丰②，或者阿里斯托丰的兄弟从事的行当里也很有经验，对他的正确称呼是什么呢？

波　显然是画家。

凯　【c】既然他对某一门技艺有见识，那么这门技艺是什么，对他的正确称呼又是什么？

波　人们有许多技艺是凭着经验发明的，凯勒丰。对，就是这种经验使我们花时间沿着技艺之路前进，而缺乏经验会使他们在偶然性的道路上摸索。不同的人以不同的方式从事这些不同的技艺，最优秀的人从事最优秀的技艺。我们的高尔吉亚确实在这群人中间，他享有最令人钦佩的技艺。

苏　【d】波卢斯为了能以令人钦佩的方式提供演讲，显然已经作了精心准备，高尔吉亚。但他没在做他对凯勒丰许诺的事情。

高　他到底怎么没在做，苏格拉底？

苏　在我看来，他似乎不在回答问题。

高　那么你怎么不向他提问，要是你愿意？

苏　不，我不愿意，除非你本人想要回答问题。我很想向你提问。我很清楚，尤其是从他已经说过的话中可以看出，波卢斯本人更加热衷于演讲术，而不是讨论。

波　【e】你为什么这样说，苏格拉底？

苏　因为，波卢斯，当凯勒丰问你高尔吉亚在什么技艺中有见识时，你就大唱赞歌，好像有人在诋毁它似的。但你没有回答这门技艺是

---

①　阿格拉俄封（Ἀγλαοφῶντος），人名。

②　阿里斯托丰（Ἀριστοφῶν），人名。

什么。

波　我不是回答说它是一门最令人钦佩的技艺吗?

苏　确实如此。不过，没人问你高尔吉亚的技艺怎么样，而是问你这门技艺是什么，人们应当把高尔吉亚称作什么。所以，【449】正如凯勒丰向你提出前一个问题，你以令人钦佩的简洁的方式作了回答，现在请你也以这种方式告诉我们，他的技艺是什么，我们应当怎样称呼高尔吉亚。或者倒不如，高尔吉亚，为什么你本人不告诉我们你在什么技艺中有见识，我们该如何称呼你?

高　演讲术，苏格拉底。

苏　所以我们应当称你为演说家吗?

高　对，一名优秀的演说家，苏格拉底，如果你真的想要称我为"我自豪地说我是"的人①，如荷马所说。

苏　我当然这样想。

高　那你就这样称呼我好了。

苏　【b】我们不是说你也能使其他人成为演说家吗?

高　我确实是这么说的。不仅在这里，而且在其他地方。

苏　那么好，高尔吉亚，你愿意用我们现在这种方式完成这场讨论吗? 一问一答，至于像波卢斯刚才想要开始的长篇大论，你还是放到别的场合去用。请别对你的承诺后悔，而是简洁地回答问你的问题。

高　有些回答，苏格拉底，必须提供长篇大论。【c】尽管如此，我会试着尽可能简洁。这实际上也是我宣称过的。无人能比我更加简短地叙说同样的事情。

苏　这正是我们需要的，高尔吉亚! 向我展示一下你的简洁，以后有机会再去发表鸿篇巨制。

高　很好，我会这样做的。你会说你从未听到任何人讲话如此简洁。

苏　那么来吧。你声称自己在演讲术中是有见识的，【d】也能使别

---

① 荷马:《伊利亚特》6:211。

人成为演说家。请问，演讲术与什么事情相关？比如，纺织与做衣服相关，不是吗？

高　是。

苏　所以，同样的道理，音乐与创作乐曲相关吗？

高　是。

苏　赫拉①在上，高尔吉亚，我很喜欢你的回答，没有比它们更加简洁的回答了。

高　对，苏格拉底，我敢说我很好地回答了问题。

苏　你是这样的。现在请你也以这种方式回答有关演讲术的问题。它是关于什么的，它与哪些事情有关，它是一种知识吗？

高　【e】它是关于言语②的。

苏　哪一种言语，高尔吉亚？那些解释病人应当如何治疗才能康复的言语吗？

高　不是。

苏　所以演讲术并不涉及所有言语。

高　哦，不涉及。

苏　但它使人能说话。

高　对。

苏　也能使人在他们谈论的事情上聪明吗？

高　当然。

苏　【450】那么，我们刚才谈到的医疗的技艺，使人既能拥有智慧，又能谈论疾病吗？

高　必定如此。

苏　那么这门技艺显然也和言语有关。

高　对。

苏　它是关于疾病的言语，是吗？

---

① 赫拉（Ἥραν），希腊神话中的天后。

② 言语（λόγος），亦译讲话。

高　确实如此。

苏　身体的训练不也和言语有关吗，谈论身体条件好坏的言语？

高　对，是这样的。

苏　实际上，高尔吉亚，其他技艺也是这样。【b】它们中的每一门技艺都与那些谈论具体技艺的对象的言语有关。

高　显然如此。

苏　那么，既然你把与言语相关的技艺称作演讲术，为什么不把其他技艺称作演讲术呢？它们也涉及言语！

高　苏格拉底，原因在于其他技艺的知识构成几乎全都与你双手的劳作以及诸如此类的活动有关。而在演讲术中没有这样的体力劳动。它的活动和影响全部依赖言语。【c】因此我考虑演讲术的技艺和言语相关。我要说我的这个看法是对的。

苏　我不确定我是否理解了你想说的这种技艺。但我很快就会弄明白的。告诉我这一点。有一些技艺供我们练习，没有吗？

高　有。

苏　在所有这些技艺中，我想，有些技艺主要是在制造东西，很少讲话，还有一些技艺根本不需要讲话，只要沉默地去做就行了。比如绘画、雕刻，以及其他许多技艺。【d】当你说演讲术与其他技艺没有什么关系的时候，我想你指的就是这种技艺。或者说，你指的不是这种技艺？

高　是这种技艺，苏格拉底。你很好地理解了我的意思。

苏　那么，有其他一些技艺，在完成它们的任务时用的是言语，实际上不需要体力劳动，或者只需要耗费很少的体力。我们可以算术、计算、几何，甚至跳棋和其他许多技艺为例。它们中有些涉及言语的程度和活动一样，有些涉及言语要多一些。它们的活动和影响完全依赖言语。【e】我想你的意思是，演讲术就是这种技艺。

高　对。

苏　但你肯定不想把这些技艺中的任何一门都称作演讲术，尽管，如你所说，演讲术是通过言语来产生影响的技艺。如果有人想找麻烦，他会提出责问说："所以，你把算术称作演讲术吗，高尔吉亚？"但我很确定，你不会说算术或几何是演讲术。

高 【451】对，你说得相当正确，苏格拉底。你正确地理解了我的意思。

苏 那么，继续。请你完成回答我的问题。由于演讲术是一门主要使用言语的技艺，由于还有其他一些这样的技艺，请你试着说明，这门通过言语来产生影响的演讲术是关于什么的。假定有人问起我刚才提到过的任何一门技艺，"苏格拉底，【b】什么是算术的技艺？"我会告诉他，如你刚才告诉我的那样，它是通过言语来产生影响的技艺之一。如果他进一步我，"这些技艺是关于什么的？"我会说，它们涉及偶数与奇数，无论这样的数字有多少。如果他再问："被你称作计算的技艺是什么？"我会说，它也是一门这样的技艺，完全通过言语来产生影响。如果他继续问，"它是关于什么的？"我会以那些在公民大会上引起人们关注的人的讲话方式回答说，【c】计算在有些方面与算术是相同的——因为它涉及相同的事情，偶数与奇数——在有些方面与算术不同，算术要考察奇数和偶数的数量，二者与其自身的关系，以及相互之间的关系。如果有人问起天文学，我会回答，它也通过言语来产生它的影响，然后如果他问，"天文学的言语是关于什么的，苏格拉底？"我会说，"天文学的言语涉及日月星辰的运动和它们的相对速度。"

高 你这样说相当正确，苏格拉底。

苏 【d】噢，高尔吉亚，轮到你的时候你再说。实际上，演讲术是那些完全用言语来实施和产生影响的技艺之一，不是吗？

高 是。

苏 那么告诉我：这些技艺是关于什么事物的？如果有这样一些事物，哪样事物与演讲术所使用的言语有关？

高 人所关心的最伟大的事物，苏格拉底，最高尚的事物。

苏 但是，这个说法也有争议，高尔吉亚。它不是很清楚。【e】我肯定你听过人们在宴饮中唱歌，一边唱，一边数，"第一位是享有健康，第二位是享有美丽，第三位"——这些歌词的作者是这么写的——"是诚实地获取财富。"

高 对，我听到过。你为什么要提到它？

苏 【452】假定这位歌词的作者所说的这些东西的生产者现在就在这里，和你在一起：一位医生、一位教练、一位财务专家。假定这位医生首先说："苏格拉底，高尔吉亚在骗你。不是他的技艺，而是我的技艺，才和人类最伟大的善有关。"如果我问他："你算什么，竟敢这样说？"我假定他会说他是一名医生。"你说这话是什么意思？最伟大的善真的是你的技艺的产物吗？""当然了，苏格拉底"，我假定他会说，"因为它的产物就是健康。还能有什么善比健康更大呢？"【b】假定接下去轮到那位教练，他说："如果高尔吉亚能够向你展示从他的技艺里产生的善比从我的技艺里产生的善更大，苏格拉底，那么我也感到太惊讶了。"我也会问这个人，"你是干什么的，先生，你的产品是什么？""我是一名教练"，他说："我的产品是使人身体健美和强壮。"在那名教练之后，那位财务专家会说，我肯定他说话带有相当轻蔑的语气，【c】"请你一定要考虑一下，苏格拉底，你是否知道有任何善，高尔吉亚的善，比财富更大。"我们会对他说，"真的吗？那就是你生产的东西吗？"他会说，对。"你作为什么说这样的话？""作为一名财务专家。""那么好吧"，我们说："你把财富断定为人类最大的善吗？""当然了"，他说。"啊，但是，在这里的高尔吉亚会驳斥这一点。他宣称他的技艺是一样比你的善更大的善的源泉"，我们说。这位专家接下来显然会问，【d】"请告诉我这种善是什么？让高尔吉亚回答我吧！"所以，来吧，高尔吉亚。请你考虑一下这些人提出的问题和我提出的问题，给我们一个你的回答。你宣称是人类最大的善、你声称自己是它的生产者的这样东西是什么？

高 这样东西实际上确实是最大的善，苏格拉底。它是人类本身自由的源泉，同时它又是每个人在自己的城邦里统治其他人的源泉。

苏 你指的这样东西到底是什么？

高 【e】我指的是在法庭上用言语劝说法官、在议事会中用言语劝说议员、在公民大会或其他政治集会中用言语劝说参会者的能力。事实上，有了这种能力，你可以让医生成为你的奴隶，让体育教练也成为你的奴隶。至于你的那个财务专家，他会变得不为自己挣钱，而为其他人挣钱；实际上为你挣钱，如果你有能力讲话，劝说众人。

苏 【453】我现在认为，你已经很接近弄清楚你把演讲术当作什么样的技艺了，高尔吉亚。如果我没弄错，你说演讲术是劝说的生产者。总之，它的全部事务就在于此。或者，你能指出演讲术可以做的其他任何事情来吗，除了往听众的灵魂里灌输劝说？

高 不能，苏格拉底。我想你相当恰当地界定了演讲术。总之，它就是一种劝说。

苏 【b】那么，注意听，高尔吉亚。你应当知道，有些人在与别人讨论时真的想要拥有与其讨论的主题相关的知识，我相信我是一个这样的人。我想，你也是一个这样的人。

高 好，那又怎样，苏格拉底？

苏 让我现在就来告诉你。你可以确定地知道，我不知道从你正在谈论的演讲术中产生出来的劝说是什么，或者它劝说的主题是什么。尽管我确实怀疑你说的劝说是哪一种劝说，它是关于什么的，【c】但我仍旧要向你提出同样的问题，从你正在谈论的演讲术中产生的劝说是什么，它是关于什么的。当我有这种疑问的时候，为什么我要向你提问，而不是自己来回答呢？因为我跟随的不是你，而是我们的讨论，让它以这样的方式来进行，使我们正在谈论的事情最清晰地向我们显示。所以，请考虑我向你重提问题是否公平。假定我问你画家宙克西①是哪一个。如果你告诉我，他是一个画画的人，那么我问"这位画家画的是哪一种画，在哪里画的"不是很公平吗？

高 对，公平。

苏 【d】其原因不就是实际上还有其他画家，他们画许多其他的画吗？

高 对。

苏 如果除了宙克西没有人是画家，你的回答就会是一个很好的回

────────────

① 宙克西（Zεῦξις），人名。

答，是吗？

高　当然。

苏　那么好，再来告诉我演讲术的事。你认为只有演讲术灌输劝说，还是其他技艺也这样做？我的意思是这样的：一个人教某个主题或其他主题，他是在就他所教的事情劝说人，还是不是？

高　他肯定在这样做，苏格拉底。他尤其是在劝说。

苏　【e】让我们再次以刚才讨论过的技艺为例。算术和算术家不是在教我们一切与数有关的事情吗？

高　是的，他是这样做的。

苏　他也在劝说吗？

高　是的。

苏　所以算术也是劝说的生产者吗？

高　显然如此。

苏　现在如果有人问我们，它生产什么样的劝说，它的劝说是关于什么的，那么我假定我们会回答他，它是通过教奇数和偶数的范围而产生的劝说。【454】我们能够说明我们刚才正在谈论的其他所有技艺是劝说的生产者，也能说明劝说是什么，劝说是关于什么的。不对吗？

高　对。

苏　所以演讲术并非唯一的劝说的生产者。

高　没错。

苏　在这种情况下，既然演讲术不是唯一生产这种产品的生产者，其他技艺也这样做，那么我们重复提出在画家那个例子中向我们的谈话人提出的问题就是对的：“演讲术这门技艺是什么样的劝说，它的劝说是关于什么的？”或者说，【b】你认为重复提出这个问题是不对的？

高　不，我认为是对的。

苏　那么好，高尔吉亚，由于你也这样认为，就请你回答。

高　这种劝说，苏格拉底，我的意思是，它是一种在法庭和其他那些大型集会上发生的劝说，如我刚才所说。它涉及那些公正的和不公正的事情。

苏 对，高尔吉亚，我怀疑这就是你所指的劝说，而演讲术的劝说是关于这些事情的。但是，它是关于什么的问题似乎是清楚的，如果我过一会儿再向你提出这样的问题，你就不会感到奇怪了，【c】不过现在我要继续我的提问——如我所说，我之所以要提出问题，为的是我们能够有序地推进讨论。我要追随的不是你；这样做为的是防止我们养成随意胡乱猜测和摘取他人片言只语的习惯。这样做允许你按照你想要的任何方式提出你的假设。

高 对，我想你这样做相当正确，苏格拉底。

苏 那么，让我们来考察一下这个观点。有某样东西你称为"学会了的"吗？

高 有。

苏 很好。也有某样东西你称作"相信了的"吗？

高 【d】是的，有。

苏 好，你认为，学会了的和正在学、相信了的和相信，它们是相同的，还是不同的？

高 我当然假定它们是不同的，苏格拉底。

苏 你假定得对。这就是你能对我说的：如果有人问你，"有真的和假的信念这样的东西吗，高尔吉亚？"你会说有，我肯定。

高 对。

苏 那么，有真的和假的知识这样的东西吗？

高 完全没有。

苏 所以很清楚，它们是不同的。

高 你说得对。

苏 【e】但是那些学会了的人和那些相信了的人肯定都被说服了。

高 是这样的。

苏 那么你希望我们确定两种类型的劝说吗，一种提供信念但没有知识，另一种提供知识？

高　是的，我希望。

苏　那么，演讲术在法庭和其他集会上生产的劝说，涉及公正的和不公正的事情，是哪一种类型的？它的结果是信而不知，还是知？

高　这很明显，确实，它的结果是信。

苏　所以很清楚，演讲术实施的劝说来自信，而非来自教，【455】涉及什么是公正和不公正？

高　对。

苏　所以，演说家不是法庭和其他集会上的关于公正和不公正的事情的教师，而只是一名劝说者，因为我假定，他不能在如此短暂的时间内教会如此重要的事情。

高　对，他肯定不能。

苏　那么好吧，让我们来看关于演讲术我们到底该怎么说。【b】因为，请你注意，连我自己对我说的话都不太清楚。每当城邦开会挑选医生、造船工或其他各种手艺人，这肯定不是演说家提建议的时候，是吗？因为显然是最有造诣的手艺人应当去承担这些工作。演说家也不是一个在有关修建城墙、港口或船坞的会议上提建议的人，而那些建筑师才是这样的人。需要商谈选拔将军、【c】排兵布阵、抗击敌军、占领敌国等事务的时候，不是演说家，而是将军们会提出建议。关于这些事情你会怎么说，高尔吉亚？由于你声称自己是一名演说家，而且还能使别人成为演说家，我们完全应当发现你的技艺的特点。请你体察我的用心，我这样做完全是为了你好。也许真有某个在场的人想要成为你的门徒。我注意到有些人，人数实际上还不少，他们羞于向你提问。因此，当我提问时，【d】请设想他们也在提问，"高尔吉亚，如果与你交往，我们能有什么收获呢？我们能给城邦提什么建议呢？只涉及那些公正和不公正的事情吗？或者也涉及苏格拉底刚才提到的这些事情呢？"请试着回答这些问题。

高　行，苏格拉底，我会试着把演讲术能完成的事情清楚地告诉你。你自己也已经很好地这样做了，因为你确实知道，不是吗，【e】那些有关修建雅典人的船坞和城墙，以及港口装备的建议，来自塞米司托克勒①，有些情况下来自伯里克利②，而不是来自建筑师？

苏 人们是这样谈论塞米司托克勒的，高尔吉亚。我本人也听伯里克利提出过修建中部城墙的建议。

高 【456】在挑选你刚才提到的那些手艺人时，苏格拉底，你知道是演说家在提出建议，他们对这些事情的看法说服了人们。

苏 对，高尔吉亚，令我感到惊讶的是，我应当很早就问你演讲术能完成什么。因为我要是这样看待演讲术的话，那么它在范围上是某种超自然的东西。

高 哦，是的，苏格拉底，只要你了解演讲术的全部，它实际上包含一切，【b】并将一切能完成的事情置于它的管辖之下。我将给你充分的证明。很多次，我和我的兄弟或其他医生一道去看望他们的某个病人，病人不愿喝药，拒绝开刀，不接受烧灼术。医生无法说服他，而我却用修辞术的技艺获得了成功。我也坚持说，如果一名演说家和一名医生来到你喜欢的任何一座城市，在议事会或其他集会上比赛讲话，看谁能被选为医生，【c】那名医生完全不会有出人头地的机会，而那位能言善辩的人会被选上，只要他愿意。如果他与其他任何手艺人竞争，那么是这位演说家，而不是其他手艺人，能够劝说民众选他，因为在民众面前，无论谈论的是什么主题，演说家都要比其他手艺人更具有说服力。这就是这门技艺所能成就的伟大之处，以及它的成就的种类！然而，人们应当像使用其他竞争性技能一样来使用演讲术，【d】苏格拉底。在其他情况下，人们也一定不要用一种竞争性的技艺来反对任何人或所有人，这是因为他学会了拳击，或拳击加摔跤，或武装格斗，由此使他自己比他的朋友和敌人强。而要痛打、刺伤，或者杀死一个人自己的朋友是没有理由的！设想有某个人去了摔跤学校以后，身体强健，成了一名拳击手，然后痛打他的父母或其他家庭成员和朋友。宙斯在上，没有理由因此而痛恨体育教练或者传授武装格斗的人，【e】把这些人从他们的

---

① 塞米司托克勒（Θεμιστοκλές），公元前 528—前 460 年，雅典政治家。

② 伯里克利（Περικλές），公元前 490—前 429 年，雅典大政治家。

城邦里赶走！这些人传授他们的技艺用来公正地对付敌人或作恶者，用于自卫而不用于侵犯，是他们的学生误用了他们的力量和技能。【457】所以不是他们的教师是邪恶的，也不是这种技艺有罪或邪恶；而是那些滥用它的人确实是邪恶的人。对演讲术来说，这也同样是对的。演说家有讲话反对任何人的能力，能够谈论任何主题，所以在集会上，简言之，【b】在他喜欢谈论的所有事情上更有说服力，但是，他有能力剥夺医生或其他手艺人的名声这一事实不会给他这样做的理由。他会公正地使用演讲术，就像使用任何竞争性的技艺。我假定，如果有人成了演说家，并用这种能力和技艺去作恶，那么我们不要痛恨他的教师，把他从我们的城邦驱逐出去。因为这位教师传授的这种技艺要公正地使用，【c】而这位学生把它应用到相反的地方去了。所以应当被痛恨、驱逐，乃至于处死的是这位误用者，而不是这位教师。

　　苏　高尔吉亚，我想你像我一样经历过许多讨论，在讨论中你会注意到有这样一类事情：参与者要共同限定他们正在讨论的事情是不容易的，【d】所以，要互教互学，来完成他们的讨论。与此相反，如果他们就某个观点进行争论，有人坚持说对方的观点不对或不清楚，然后恼羞成怒，认为对方说的话是恶意的。他们变得急于要在争论中取胜，而不是考察讨论的主题。事实上，到了最后有人会染上一种最可耻的风气，相互谩骂，听到这样的讨论甚至会使听众感到后悔，认为真不该来听这些人讨论。【e】我为什么要提到这些？因为在我看来，你现在说的话与你一开始对演讲术的看法很不一致，或者很不合拍。所以，我有点害怕对你进行考察，怕你把我当作急于取胜的对象，而不是为了澄清我们要讨论的问题。【458】就我而言，我很乐意继续向你提问，如果你和我是同类人，否则我就算了。我是哪一类人呢？我是自己说了错话遭到驳斥而感到高兴的人，我也是驳斥说了错话的其他人而感到高兴的人，我还是一个自己受到驳斥不会比驳斥别人更不高兴的人。因为我把受到驳斥当作一件更大的好事，之所以如此，乃是因为使自己摆脱错误比使他人摆脱错误是一件更大的好事。我不会假定，对我们现在所讨论的主题持有一种虚假的信念，对一个人来说，还会有什么事情比这更糟糕。所以，【b】如果你说你也是这类人，让我们继续讨论；但若你认为我们应当放弃讨论，那就让我们了结它，到此结束。

高 哦，是的，苏格拉底，我说我本人也是你描述的这类人。还有，也许我们还要记在心里，在场的这些人也是这类人。因为，前不久，甚至在你到达之前，【c】我已经为他们作了长时间的展示，如果我们继续这场讨论，也许拖得太久了。我们也应当为他们着想，别让他们中间想要做其他事情的人滞留在这里。

凯 你们自己都能听到这些人的喧闹，高尔吉亚和苏格拉底。他们想要聆听你们必须说的一切。至于我本人，我希望我决不会如此忙碌，乃至于要在以这种方式进行的这场讨论结束之前离去，因为我发现做其他事情更实际。

卡 【d】众神在上，凯勒丰，事实上，此前我也听过许多讨论，但我不知道是否有我此刻这样快乐的。所以，只要你们愿意讨论，哪怕要谈一整天，我都乐意奉陪。

苏 我没有什么要紧的事情要停止讨论，卡利克勒，只要高尔吉亚愿意。

高 话说到这一步我再不愿意，苏格拉底，那就是我的耻辱了。更何况我说过愿意回答任何人的任何提问。【e】好吧，如果这些人都还行，我们就继续讨论，你想问什么就问吧。

苏 那么好，高尔吉亚，让我来告诉你，你说的事情中有什么令我惊讶的。也许你说得对，是我没有正确理解你的意思。你说过你能使任何一位愿意向你学习的人成为演说家吗？

高 说过。

苏 所以他在集会上谈论任何主题都是有说服力的，不是通过传授，而是通过劝说吗？

高 【459】对，是这样的。

苏 提醒你一下，你刚才说演说家在健康问题上甚至比医生更有说服力。

高 是的，我说过，不过，是在集会上更有说服力。

苏　"在集会上"的意思不就是"在那些没有知识的人中间"吗？因为，在那些有知识的人中间，我不认为他会比医生更有说服力。

高　你说得对。

苏　如果他比医生更有说服力，不就证明了他比有知识的人更有说服力吗？

高　是的，没错。

苏　【b】尽管他不是一名医生，对吗？

高　对。

苏　一名非医生，我想，在医生知道的事情上肯定是不知道的。

高　显然如此。

苏　所以，当一名演说家比医生更有说服力的时候，一名无知者会比无知者中间的有知者更有说服力。这不就是可以从中推论出来的吗？

高　是的，是这样的，至少在这个例子中。

苏　那么，关于演说家和演讲术，这样说也是对的，相对于其他技艺而言。演讲术不需要拥有它们所谈论的事物状况的任何知识；【c】它只需要发现某种产生劝说的技巧，为的是使它自己在那些没有知识的人眼中显得比那些实际拥有知识的人更有知识。

高　哦，苏格拉底，尽管你没有学会其他任何技艺，而只学会这种技艺，但却能使你自己显得不比那些手艺人差，这样的事情不是很轻松吗？

苏　是否由于这个原因演说家不比其他掌握某些技艺的手艺人差，这个问题如果与我们的论证有关，我们过一会儿就考察。【d】不过，现在让我们先来考虑这个论点。涉及什么是公正和不公正、什么是可耻的和高尚的、什么是好的和坏的，演说家是否处于相同的位置，就好像他在什么是健康的问题上，以及他在其他技艺的主题的问题上？他是否缺乏知识，也就是说，他是否不知道这些事物是什么，什么是好的或什么是坏的，什么是高尚的，什么是可耻的，什么是公正和不公正？他用一些办法生产关于这些事情的劝说——尽管他不懂这些事情——但在那些不懂的人中间，【e】他似乎比那些懂行的人知道得还要多，是吗？或者说，他必须懂行，在到你这里来之前，那些演讲术的未来的学生在这些事情上已经有见识了？如果他不懂，那么你这位演讲术的教师，在他到你这里来的时候，不会把这些事情教给他——因为这不是你的工作——而只是使他在大众面前显得好像拥有关于这些事情的知识，而实际上他并不拥有这种知识，使他显得像个好人，而实际上他并不是个好人？或者说，你根本不能教他演讲术，除非他知道有关这些事情的真相从哪里开始？【460】像这样的事情如何站得住脚，高尔吉亚？对，宙斯在上，对我们进行启示吧，告诉我们演讲术能成就什么，这是你刚才答应过的。

高　好吧，苏格拉底，我假定，即使他真的不拥有这种知识，他也可以向我学习这些事情。

苏　等一下！你这样说没错。如果你使某人成为一名演说家，那么他必定已经懂得什么是公正，什么是不公正，要么是他以前就懂的，要么是后来向你学到的。

高　对，是这样的。

苏　【b】是吗？一个已经学会了木匠的人是一个木匠，不是吗？

高　是。

苏　一个已经学会了音乐的人不是一个音乐家吗？

高　是。

苏　一个已经学会了医学的人是一个医生，不是吗？以同样的理由，学会了其他某样技艺的人不也是这样吗？一个学会了某个具体主题的人拥有的知识使他成为这种人吗？

高　是的，他是这种人。

苏　按照同样的推论，一个学会了什么是公正的人不也是公正的吗？

高　是的，完全正确。

苏　我想，公正的人做公正的事情吗？

高　对。

苏　【c】演说家不是肯定是公正的吗，公正的人不是肯定想要做公正的事情吗？

高　显然如此。

苏　因此，演说家决不会想做不公正的事情。

高　不会，显然不会。

苏　你还记得前不久你说过，【d】我们不应当抱怨我们的体育教练，或者把他们从我们的城邦里驱逐出去，如果某个拳击手把他的拳击技艺用于做不公正的事情，同理，如果某个演说家不公正地使用他的演讲技艺，我们也不应当抱怨他的老师，或者把他从城邦里驱逐出去，而应当这样对待那个做了不公正的事情的人，那个不恰当地使用演讲技艺的人？你有没有说过这样的话？

高　说过。

苏　【e】但是现在，这个人，这位演说家，好像决不会做不公正的事情，不是吗？

高　对，不会做。

苏　在我们开始讨论的时候，高尔吉亚，你说演讲术与言语相关，它涉及的不是偶数和奇数，而是涉及公正和不公正。对吗？

高　对。

苏　好，在你这样说的时候，我以为演讲术决不会是一样不公正的东西，因为它总是在谈论公正。【461】但是，你稍后就说演说家也会不公正地使用演讲术，对此我感到惊讶，并且认为你的说法前后不一致，于是我说了那番话，我说如果你像我一样，认为受到驳斥是一件有益的事情，那么值得继续讨论下去，但若你不是这样的人，就让我们停止讨论。而现在，随着我们刚才对这个问题进行后续的考察，你自己也能看到，结论正好相反，演说家不会不公正地使用演讲术，【b】也不愿意去做不公正的事情。我以神犬的名义起誓，高尔吉亚，要想彻底考察这些事情如何成立，短时间的讨论无法完成！

波　真的吗，苏格拉底？你现在说的有关演讲术的看法是你的真实想法吗？或者说你真的认为，正是由于高尔吉亚不太愿意承认你的进一步说法，演说家也知道什么是公正，什么是高尚，什么是善，如果有人到这里来向他学习，但并不拥有这种知识以开始学习，而他说他本人会教这个人，【c】然后就在这个地方某些所谓前后不一致的地方就出现在他的陈述中——就是这一点让你兴奋不已，是你在诱导他，使他面对这样的问题——你认为有谁会否认他本人知道什么是公正，也会教其他人公正？把你的论证引导到这样一个结果，这是一种极大的鲁莽的标志。

苏　最令人钦佩的波卢斯，我们想要得到同伴和儿子不是没有原因的。当我们已经年迈，变得步履蹒跚的时候，你们这些年轻人会用手在我们的行动和言语两方面把我们的生活扶正。【d】如果高尔吉亚和我在言语中有失误——好，请你伸出援助之手，再次把我们扶正。这是唯一正确的办法。如果你认为我们表示同意是错的，那么只要你喜欢，我肯定愿意回顾任何我们都同意的地方，只是你要注意一件事。

波　你什么意思？

苏　你要约束冗长的讲话风格，波卢斯，从一开始你就试图长篇大论。

波　真的？我就不能自由发言，想怎么说就怎么说吗？

苏　【e】我的好朋友，如果来到雅典这个全希腊言论最自由的地方，而只有你不能自由发言，那就太难为你了。但是请你换个方式想问题。如果你发表长篇讲话而又不愿回答别人向你提出的问题，而我没有自由，【462】非得听你讲话，不能走开，那岂不是也太难为我了吗？但若你还在意我们已经进行的讨论，想让它走上正道，那么如我刚才所说，请你回顾一下你认为最好的观点。你要像高尔吉亚和我一样，轮番提问和回答，让我和你自己都接受反驳。我以为，你懂高尔吉亚在行的这门同样的技艺？或者说，你不懂？

波　是的，我懂。

苏　你不也邀请人随意向你提问，任何时候都可以，因为你相信你会作出回答，像一个有知识的人那样？

波　当然。

苏　【b】那就请你现在作出选择：要么提问，要么回答。

波　很好，我会的。告诉我，苏格拉底，你认为高尔吉亚为演讲术所困惑，那么你说它是什么？

苏　你问的是我说它是一门什么技艺吗？

波　正是。

苏　说实话，波卢斯，我认为它根本不是技艺。

波　那么好，你认为演讲术是什么？

苏　【c】在我最近读的一篇论文中，它是你说的生产技艺的那个东西。

波　你这话什么意思？

苏　我指的是一种技巧。

波　所以你认为演讲术是一种技巧？

苏　是的，我是这样想的，除非你说它是别的什么东西。

波　它是一种为了什么的技巧？

苏　为了产生某种满足和快乐。

波　你不认为演讲术是一种令人钦佩的东西，能够给人以满足吗？

苏　真的，波卢斯！你已经从我说它是什么有了发现，【d】所以继续问我是否不认为它是令人钦佩的吗？

波　我不是已经发现你说它是一种技巧了吗？

苏　由于你推崇满足，你愿意在一件小事上使我满足吗？

波　当然愿意。

苏　请你向我提问，烤面饼是一门什么样的技艺。

波　行。烤面饼是一门什么样的技艺？

苏　它根本不是技艺，波卢斯。你现在说，"那么它是什么？"

波　行。

苏　它是一种技巧。你说，"它是一种为了什么的技巧。"

波　行。

苏　【e】为了产生满足和快乐，波卢斯。

波　所以演讲术和烤面饼是同样的吗？

苏　噢，不，完全不同，尽管它是同类实践的一部分。

波　你指的是什么实践？

苏　我担心，要是说出事情的真相会太鲁莽。我有点犹豫不决，为了高尔吉亚的缘故，怕的是他会认为我在讽刺他的职业。我不知道高尔吉亚实践的是否这种演讲术——【463】事实上，在我们前面的讨论中，我们还没有弄清楚他认为演讲术是什么。而我说的演讲术是某种事务的一部分，它根本不值得钦佩。

高　哪一种演讲术是这样的，苏格拉底？说吧，别对我有什么顾忌。

苏　那么好，高尔吉亚，我认为，有一种实践不像技艺，而是一种用来产生预感的心灵，【b】一种大胆而又自然地与人打交道的能干的心灵。我基本上称之为"奉承"。我认为这种实践也有许多组成部分，烤面饼也是其中的一个组成部分。这个部分好像是一门技艺，但在我看来它根本不是技艺，而是一种技巧和常规。我把演讲术也称作这种实践的一部分，还有化妆和智术。这些是它的四个组成部分，【c】它们指向四种对象。所以，如果波卢斯想要发现它们，那就让他去发现好了。他还没发现我称之为奉承的演讲术是什么。我还没有回答这个问题逃脱了他的关注，所以他继续问我是否认为它是令人钦佩的。但是，在我还说不出它是什么的时候，我不会考虑它是否令人钦佩或可耻。因为这样做是不对的，波卢斯。不过，如果你想要发现这一点，那就问我，我说演讲术是奉承，它是奉承的哪个部分。

波　我会问的。告诉我，它是奉承的哪个部分？

苏　【d】你理解我的问题吗？演讲术是政治的一个部分的影像。

波　是吗？那么你说它是令人钦佩的，还是可耻的？

苏　我说它是一样可耻的事物——我把坏的事物称作可耻的——因为我必须回答你，尽管你已经知道我是什么意思。

高　宙斯在上，苏格拉底，我也不明白你什么意思！

苏　【e】这相当合理，高尔吉亚。我还没有把一切都说清楚。在这里的这匹小马驹又年轻又冲动。

高　别管他。请你告诉我，你说演讲术是政治的一个部分的影像是什么意思？

苏　行，我会试着说明我对演讲术的看法。【464】如果我没有这样做，波卢斯在这里会驳斥我。我想，有某种东西你称作身体，有某种东西你称作灵魂，是吗？

高　是的，当然。

苏　你也想过它们各自有一种健康状态吗？

高　是的，我想过。

苏　好吧。还有一种貌似健康，而实际上不健康的状态吗？我指的是这样一种事情。有许多人看起来身体健康，但除了医生或某些体育教练，没人会注意到他们不健康。

高　没错。

苏　我要说，身体和灵魂中都有这样一种东西，它会使身体和灵魂看起来似乎是健康的，【b】而实际上并非如此。

高　是这样的。

苏　来吧，我会更加清楚地告诉你我说的是什么意思，要是我能做到。我要说的是，有两门技艺与这一对主题相关，与灵魂相关的技艺我称之为政治；与身体相关的技艺，尽管它是一门技艺，但我还不能给你一个现成的名称，但是照料身体是一门技艺，我说它有两个部分：体育和医疗。在政治中，与体育相对应的是立法，【c】与医疗相对应的是公正。这些对子的每一成员都有共同的特点，医疗对体育，公正对立法，因为它们关心相同的事情。然而，它们之间确实还有某些方面不同。所以它们一共是四个部分，总是提供关心，在一种情况下是为了身体，在另一种情况下是为了灵魂，它们想要看到最好的东西。奉承注意到了它们——我不说说它是凭着认知，而说它只是凭着猜测——把它自身也分成四个部分，【d】各自戴上面具，假冒这些技艺的特点。它根本不去想什么是最好的；以当前最大的快乐作诱饵，它愚蠢地嗤笑和欺骗，给人留下高尚的印象。烤面饼带上了医疗的伪装，假装知道什么食物对身体最好，所以当一位烤面饼的师傅和一名医生不得不在儿童面前竞争，或者在那些像儿童一样无知的大人面前竞争，请他们来决定烤面饼的师傅和医生谁对食物的好坏有专门的知识，那么这位医生会饿死。【465】我把这件事称作奉承，我说这件事是可耻的，波卢斯——我说这一点也是对着你说的——因为它猜测什么是快乐，而不考虑什么是最好的。我说它不是一门技艺，而是一种技巧，因为它不懂它所应用的任何事物的性质，而正是凭着这种知识它才能应用这些事物，所以它不能解释每一事物的原因。我拒绝把缺乏这种解释的事情称作技艺。如果你对这些说法有争议，我愿意提交它们来讨论。

【b】所以，烤面饼，如我所说，是一种戴着医疗面具的奉承。化妆是一种以同样方式戴着体育面具的奉承；一种可悲的、欺骗的、可耻的、粗野的东西，一种以形状和颜色、光滑的外表、上等的穿着来实施欺骗的东西，它使人追求外在的美，而放弃通过体育得来的他们自己的美。所以，我不愿发表长篇演说，【c】我愿意用几何学家的方式来对你说话——你现在也许跟得上我了——所谓化妆可归于体育，所谓烤面饼可归于医疗；或者宁可说好像是这样的：所谓化妆可以归入体育，所谓智术可以归入立法，还有所谓烤面饼可以归入医疗，所谓演讲术可以归入公正。然而，如我说的那样，尽管以这种方式进行的活动有天壤之别，但由于它们关系如此密切，智者和演说家倾向于混在一起，在同一领域工作，处理相同的主题。他们不知道如何对待自己，其他人也不知道如何对待他们。事实上，【d】如果灵魂不统治身体，而是身体统治它自己，如果烤面饼和医疗不是由灵魂来观察和区分，而是由身体本身来对它们作出判断，依据它得到的满意来裁决，那么阿那克萨戈拉①关于这个世界的说法就会盛行，波卢斯，我的朋友——你熟悉这些观点——一切事物会在相同的地方混合在一起②，医疗和健康这些事情就不会有什么区别，还有烤面饼的事情。

你们现在已经听到我对演讲术的看法。它是烤面饼在灵魂中的对应

① 阿那克萨戈拉（Αναξαγόρας），哲学家，约生于公元前 500 年，卒于公元前 428 年。
② 阿那克萨戈拉有一篇论文以这样的话语开头，"万物一体"，描述了宇宙的原初状态。参阅第欧根尼·拉尔修：《名哲言行录》2：6。

部分，【e】烤面饼是它在身体中的对应部分。我也许做了一件荒唐的事情：我不让你发表长篇演说，而我自己谈论了那么长时间。尽管我应当得到原谅，因为我要是讲得简洁，你就不明白，不知道如何回答我的提问，所以你需要这样的叙述。所以，【466】哪怕我也不知道如何回答你的问题，你也必须详细地讲述。如果我能回答，那就让我来对待它们。这样做才是真正的公平。如果你现在知道如何回答我的问题了，请你回答。

波　噢，你说了些什么？你认为演讲术是奉承？

苏　我说它是奉承的一部分。你不记得了，波卢斯，你还这么年轻？以后老了你会变成什么样？

波　所以你认为优秀的演说家在他们的城邦里被视为奉承者吗？

苏　【b】你这是在提问，还是演讲的开头？

波　我在问问题。

苏　我认为根本就没有人理会他们。

波　你什么意思，没有人理会他们吗？他们不是在城邦里拥有最大的权力吗？

苏　没有，如果你说的"拥有权力"的意思是指某种对权力拥有者好的东西。

波　我正是这个意思。

苏　那么我认为演说家在任何城邦中拥有的权力是最小的。

波　真的？他们难道不像僭主一样，只要他们愿意或认为恰当，就可以处死任何人，【c】剥夺他们的财产，把他们从城邦里驱逐出去吗？

苏　我凭着神犬起誓，波卢斯！我对你说的每件事情都感到困惑，不知道你是在对自己说这些事情，表达你自己的观点，还是在向我提问。

波　我在向你提问。

苏　很好，我的朋友。如果你是在提问，那么你一下子就向我提了两个问题。

波　你什么意思，两个问题？

苏 你刚才不是说了这样的话，"演说家难道不像僭主一样，【d】只要愿意，就可以处死任何人，只要认为恰当，就剥夺任何人的财产，把他们从城邦里驱逐出去吗？"

波 是的，我说了。

苏 在这种情况下，我说有两个问题，我对这两个问题都会作出回答。我要说，波卢斯，演说家和僭主在他们的城邦里拥有最小的权力，【e】这是我刚才说过的。因为他们想要做的事情几乎都做不成，尽管他们肯定在做他们认为最适合做的事情。

波 好，这不就是拥有大权吗？

苏 我说这不是，至少波卢斯说这不是。

波 我说这不是？我肯定说这是！

苏 凭着……，你肯定说这不是！因为你说拥有大权对拥有者来说是好的。

波 是的，我是说过。

苏 那么，如果一个人在他缺乏理智的时候做他认为最适宜的事情，你认为这是件好事吗？你会把这也称作"拥有大权"吗？

波 不，我不会。

苏 那么，你要驳斥我，证明演说家确实有理智，【467】演讲术是一门技艺，而不是奉承？如果你不驳斥我，那么演说家在他们的城邦里做他们认为适宜的事情不会获得任何好处，僭主也一样。你说权力是一样好东西，但你也同意我的观点，在没有理智的情况下做自认为适宜的事情是坏的。或者说你不同意？

波 不，我同意。

苏 那么，只要波卢斯没有驳倒苏格拉底，说明演说家或僭主在做他们想做的事情，怎么能说他们在他们的城邦里拥有大权？

波 【b】这个人……

苏 ……否认他们在做他们想做的事情。来吧，驳斥我。

波 你刚才不是同意说他们在做他们认为适宜的事情吗？

苏 是的，我仍旧同意这一点。

波　那么他们不就是在做他们想做的事情吗？

苏　我说他们不做他们想做的事情。

波　尽管他们做他们认为适宜的事情？

苏　这是我说的意思。

波　你的话真是太过分了，苏格拉底！荒唐透顶！

苏　别攻击我，我的出类拔萃的波卢斯，请按你自己的风格讲话。【c】要是你能做到，就向我提问，证明我错了。否则的话，你必须回答我的问题。

波　行，我愿意回答，以便弄明白你在说什么。

苏　你认为，当人们做事情的时候，他们想要的是他们正在做的事情，还是想要通过做这件事情来得到的东西？比如，你认为在医生的嘱咐下吃药的人想要的是他们正在做的事情，亦即吃药，以及吃药带来的不舒服，还是想要健康，为了得到健康他们才去吃药？

波　他们想要的显然是他们的健康。

苏　【d】航海的船员也一样，以及以其他途径挣钱的那些人，他们正在做的事情不是他们想要的东西——因为有谁会想要危机重重、千辛万苦的航海呢？他们想要的是发财致富，我假定，正是为了这个目的他们才去航海。为了财富的缘故，他们才去航海。

波　对，是这样的。

苏　事实上，这在各种情况下不都是一样的吗？如果某人为了某样东西的缘故而做某件事情，他想要的不是他正在做的事情，而是想要这样东西，【e】为了这样东西的缘故他才做这件事情？

波　对。

苏　世上有既不是好的，又不是坏的这样的事物吗，或者说世上有的事物都介于二者之间，不好不坏？

波　不会有这样的事物，苏格拉底。

苏　你说智慧、健康、财富一类的事物是好的，它们的对立面是坏的吗？

波　是的，我会这样说。

苏　所谓不好不坏，你的意思是有时候分有好东西，有时候分有坏东西，有时候二者都不分有，比如坐、走、跑、航海，【468】或者石头、木头一类的东西，是吗？这些就是你的意思吗？或者说你所谓的不好不坏指的是其他事物？

波　不，我指的就是这些事物。

苏　那么人们在做事的时候，他们是为了好的事情去做这些介于二者之间的事情，还是为了这些介于二者之间的事情去做好的事情呢？

波　【b】肯定是为了好的事情而去做介于二者之间的事情。

苏　所以，是为了追求这些好事情我们才去行走，每当我们行走的时候，我们假定行走比较好。与此相反，当我们站着不动的时候，我们也是为了同样的事情，好的事情，才站着不动的。不是这样的吗？

波　是这样的。

苏　我们不也处死人，如果我们做这种事情的话，或者放逐他，剥夺他的财产，因为我们假设做这些事情对我们来说比不做这些事情要好吗？

波　你说得对。

苏　因此，是为了那些好事物的缘故，所有做这些事情的人才做这些事。

波　我同意。

苏　我们不是同意过，我们想要的，【c】不是那些为了某种缘故而做的事情，而是这种事物，为了这种事物的缘故我们才做这些事情？

波　对，就是这样的。

苏　因此，我们不是只想要杀人，或者把他们从城邦里驱赶出去，剥夺他们的财产，等等；我们想要做这些事情，只是因为这样做有益，如果做这些事情有害，我们就不做了。因为我们想要的事物是好的，如你所同意的那样，我们不想要那些不好不坏的事物，更不想要那些坏的事物。对吗？你认为我说得对吗，波卢斯，或者你认为我说得不对？你为什么不回答？

波　我认为你说得对。

苏 【d】由于我们同意，如果一个人，无论他是僭主还是演说家，处死某个人，或者放逐他，或者剥夺他的财产，因为这个人假定这样做对他本人比较好，而实际上这样做比较坏，那么这个人是在做他自己认为适当的事情，不是吗？

波 是的。

苏 如果这些事情实际上是坏的，他也是在做他想要做的事情吗？你为什么不回答？

波 行，我不认为他在做他想要做的事情。

苏 【e】这样的人在城邦里能够拥有大权吗，如果拥有大权真是件好事情，如你所同意的？

波 他不能。

苏 所以我说得对，当时我说既不拥有大权，又不做他想做的事情，一个人才可能在他的城邦里做他认为适宜的事情。

波 真的，苏格拉底！你好像不喜欢处于这样的地位，在城邦里做你认为合适的事情，宁可不处于这样的地位！每当你看到有人处死他认为适宜的人，或者剥夺他的财产，或者把他吊起来，你好像不羡慕！

苏 你指的是公正的，还是不公正的？

波 【469】无论他以什么方式做这件事，他不都被人羡慕吗？

苏 别出声，波卢斯。

波 怎么了？

苏 因为你不应该羡慕那些不值得羡慕的人或可悲的人。你应该对他们表示遗憾。

波 真的？这就是你对我正在谈论的这些人的想法？

苏 当然。

波 所以，一个人处死任何他认为适宜的人，并且公正地这样做了，你认为这个人是可悲的，要对他表示遗憾吗？

苏 不，我不这么看，但我认为这样的人不值得钦佩。

波 你刚才不是说他是可悲的吗？

苏 【b】是的，我指的是不公正地杀人的人，我的朋友，此外也要对他表示遗憾。而公正地杀人的人不需要钦佩。

波　不公正地被杀的人肯定既是遗憾的又是不幸的。

苏　不会比杀他的人更不幸，也不会比公正地被杀的人更不幸。

波　怎么会这样呢，苏格拉底？

苏　因为做不公正的事情实际上是最糟糕的事情。

波　真的？那是最糟糕的吗？承受不公正的事情难道不是更加糟糕吗？

苏　不，根本不是。

波　所以你宁愿承受不公正之事，也不会去做不公正之事？

苏　【c】在我两样都不情愿，但若我必须挑选，那么我会选择承受不公正，不会选择实施不公正。

波　那么，你不打算当一名僭主？

苏　不，除非你说的当僭主的意思就是做我做的事情。

波　我的意思刚才说过了，就是占据一个职位，在城邦里做任何你认为恰当的事情，无论是处死人，还是放逐他们，在一切事情上都能随心所欲，只要你认为合适。

苏　【d】哦，你真是太神奇了！我给你讲一件事，请你批评。想象我在人群拥挤的市场上，袖子里揣着匕首，对你说，"波卢斯，我刚得到某种神奇的僭主的权力。所以，如果我认为处死你在这里看到的某个人是合适的，那么他马上就会被处死。如果我认为让哪个人头破血流是合适的，那么他马上就得头破血流。如果我认为让哪个人的衣服被撕烂是合适的，那么他的衣服马上就得被撕烂。这显示了我在这个城邦里的权力有多大！"【e】假定你不相信我的话，我就亮出匕首。看到匕首，你会说："苏格拉底，每个人都拥有这样的大权。所以只要你认为合适，任何房子都可以烧毁，雅典人的船坞和战船，以及他们的所有船只，无论是公家的还是私人的，都可以烧毁。"但是，做一个人认为合适的事情，这并不是所谓的拥有大权。或者说，你认为这就是拥有大权？

波　不是，至少不是这个样子的。

苏　【470】那么你能告诉我你反对这类权力的理由吗？

波　是的，我能。

苏　它是什么？告诉我。

波　理由是，以这种方式行事的人必定要受惩罚。

苏　受惩罚不是一件坏事吗？

波　是，确实是。

苏　那么好，我的令人惊讶的朋友，在此你再次涉及了一个观点：按照自己认为适宜的事情采取行动要和行动有益相一致，我想这是一件好事，这显然就是拥有大权。否则它就是一件坏事，【b】实际上也没有什么权力。让我们也来考虑一下另外一个观点。我们刚才提到的这些事情，杀人、放逐、剥夺他们的财产，有的时候是好的，有的时候是不好的，我们同意吗？

波　是的，我们同意。

苏　这个观点确实是你我双方都同意的吗？

波　是的。

苏　那么你是什么时候开始说做这些事情比较好的？告诉我，你从哪里开始的？

波　你为什么自己不回答这个问题，苏格拉底？

苏　【c】好吧，波卢斯，如果你更乐意听我说话，那么我要说，当一个人公正地做这些事情的时候，它是比较好的，但当一个人不公正地做这些事情的时候，它是比较糟的。

波　要驳斥你真的很难，苏格拉底！但你刚才说的这些话，就连小孩也能驳斥你，告诉你说错了。

苏　这样的话，我会非常感谢那个小孩，正如要是你驳斥我，消除我的胡言乱语，我也非常感谢你。帮朋友的忙请别犹豫。驳斥我。

波　好，苏格拉底，要驳斥你，我们不需要去讲古代的历史。【d】喔，讲讲当前发生的大事件就足以证明许多做事不公正的人是幸福的。

苏　哪一类事件？

波 要我说，阿凯劳斯^①，佩尔狄卡^②之子，正在统治马其顿，你能想起这个人来吗？

苏 哦，哪怕我想不起来，我也听说过这个人。

波 你认为他是幸福的还是不幸的？

苏 我不知道，波卢斯。我还没见过这个人。

波 【e】真的？要是你见过他，你就知道了，没见过他，你怎么可能知道他是否幸福？

苏 不知道，我确实不知道，宙斯在上！

波 那么苏格拉底，你显然也不会说你知道那位大王^③是幸福的。

苏 对，是这样的，因为我不知道他受过什么教育，是否公正。

波 真的？幸福完全是由这些东西来决定的吗？

苏 是的，波卢斯，所以我才这样说。我说那些值得敬重的人和善良的人，那些男男女女，是幸福的，而那些不公正的人和邪恶的人是不幸的。

波 【471】所以按照你的推论阿凯劳斯这个人是不幸的？

苏 是的，我的朋友，如果他真的不公正。

波 噢，他当然是不公正的！他现在拥有的王权原本不属于他，他的母亲实际上是佩狄卡斯的兄弟阿凯塔斯^④的一名女奴。按理说，他是阿凯塔斯的奴隶，如果他想要做事公正，那么他仍旧应当是阿凯塔斯的奴隶，按你的推论他会很幸福。而他却神奇般地"不幸"，他犯了非常可恶的罪行。首先，【b】他派人请来他的主人和叔父，诡称要帮他夺回被佩狄卡斯剥夺的王位。他设宴款待他，把他灌醉了，还有他的儿子亚历山大^⑤，也就是他的堂兄，和他一般年纪。然后他把他们扔进一驾马

---

① 阿凯劳斯（Αρχέλαος），人名。

② 佩尔狄卡（Περδίκας），人名。

③ 指波斯国王，非常富有，握有大权。

④ 阿凯塔斯（Αλκέτας），人名。

⑤ 亚历山大（Αλέξανδερ），人名。

车，乘黑夜把他们送走，把他们俩都杀了，毁尸灭迹。尽管他犯下这些罪行，他仍旧不明白他变得有多么"不幸"，也没有丝毫悔恨。他拒绝通过公正地抚养他的兄弟、把王位传给他来使自己变得"幸福"，【c】他是佩狄卡斯的合法儿子，一个大约七岁左右的孩子，王位本应由他继承。相反，不久以后，他就把他扔到井里淹死了，然后告诉孩子的母亲克勒俄帕特拉①，说他在追一只鹅的时候掉进井里送了命。现在由于这个原因，由于他在马其顿人当中犯了最可怕的罪行，所以他是最"不幸"的，而不是最幸福的，但毫无疑问，在雅典有某些人，【d】从你本人开始，宁可当一名马其顿人，而不愿当阿凯劳斯。

苏　在我们开始讨论的时候，波卢斯，我已经称赞你，因为我认为你受过很好的演讲术的训练。但我也认为你轻视讨论的实践。你假定我说一个行事不公正的人是不幸福的，用这些论证连一个孩子也能驳倒我，你用这样的论证来驳斥我，我现在就要接受，这就是你的全部论证吗？你从哪里得来这种想法，我的大好人？事实上，我对你说的每一件事情都不同意！

波　【e】你只是不愿意承认罢了，你的实际想法和我是一样的。

苏　我的神奇的先生，你想用演讲的方式驳斥我，就如那些法庭上的人所为，他们认为自己正在驳斥某种说法的时候就是这么干的。在那里，一方认为需要驳斥另一方，就提出许多可以辩驳的证据，用这些论证来代表自己的意思，而持有相反说法的人只提出一个证据，或者一个也提不出来。这样的"驳斥"对于发现真相来说是没有价值的，因为面对多数人的驳斥，【472】会有人成为多数人提出的虚假证据的牺牲品。现在也是这样，如果这就是你想要用来反对我，说明我说得不对的证据，几乎每个雅典人和外邦人在你说的这些事情上都会站在你一边。如果你喜欢，尼刻拉图②之子尼昔亚斯③可以为你作证，还有他的兄弟，

---

①　克勒俄帕特拉（Κλεοπάτρα），人名。
②　尼刻拉图（Νικήρατος），人名。
③　尼昔亚斯（Νικίας），人名。

他们长期在狄奥尼修斯①圣地的三脚祭坛奉献。【b】如果你喜欢，斯凯利亚②之子阿里司托克拉底③也可以为你作证，此人在庇提亚的阿波罗神庙④对神的献祭极为丰盛。如果你喜欢，伯里克利全家或其他家族，你都可以选来为你作证。但无论如何，尽管我只有一个人，我还是不同意你。你没有强迫我，而是提出许多虚假的论据来反对我，试图剥夺我的财产，亦即真理。对我而言，如果我不能为你举出一个证人来赞同我的观点，那么我假定，在我们已经讨论过的事情上，我的收获都不值一提。【c】我假定你也没有什么收获，如果我不能站在你一边为你作证，尽管我只是一个人，而你轻视其他所有人。

所以，有这样一种驳斥的方式，是你和其他许多人接受的。但也有另一种，是我接受的。让我们对这两种方式作一些比较，看它们有什么差别。毕竟，我们之间争论的问题绝非微不足道的，而是至关重要的，拥有关于它的知识是最令人羡慕的，不拥有关于它的知识是最可耻的。这件事情的核心就是能识别或不能识别谁是幸福的和谁是不幸的。【d】以我们当前讨论的第一个问题为例：你相信一个人可以不公正地做事，而不公正的人可能是幸福的，因为你相信阿凯劳斯既是不公正的又是幸福的。我们可以把它理解为这就是你的观点吗？

波 可以。

苏 但我说这是不可能的。这是我们之间争论的一个要点。有道理！尽管他不公正地做事，但他是幸福的——也就是说，如果他受到应有的惩罚，是吗？

波 哦，不，肯定不是！这样的话他就是最可悲的！

苏 【e】但若一个不公正地行事的人不能得到他应得的，那么，按照你的推论，他会是幸福的吗？

---

① 狄奥尼修斯（Διονυσίως），神名。

② 斯凯利亚（Σκελλίους），人名。

③ 阿里司托克拉底（Ἀριστοκράτης），人名。

④ 庇提亚（Πῡθία）的阿波罗神庙，位于德尔斐，德尔斐古称庇索（Πῡθώ）。

波　这是我说的。

苏　按照我的看法，波卢斯，不公正做事的人，不公正的人，是全然可悲的，如果他没有为他犯下的恶行受到应有的惩罚，他就更加可悲，如果他付出了代价，从众神和凡人的手中得到了应有的惩罚，他就要好些了。

波　【473】你想要坚持的立场真是荒谬绝伦，苏格拉底！

苏　对，我在试着让你也站到和我相同的立场上来，我的大好人，因为我把你当朋友。现在，这些就是我们的分歧。请你和我一道来观察。我前面说过，不是吗，行不公正之事比承受它更糟糕？

波　是的，你说过。

苏　而你说承受不公正更糟糕。

波　对。

苏　我说行不公正之事的那些人是可悲的，但被你"驳斥"。

波　你当然应当受到驳斥，宙斯在上！

苏　【b】所以，你是这样想的，波卢斯。

波　所以，我真的这样想。

苏　也许吧。还有，你认为那些做不公正的事情的人是幸福的，只要他们没有为此付出代价。

波　我确实这样看。

苏　而我说他们是最可悲的，那些付了代价的要稍微好一点。你也想驳斥这个说法吗？

波　喔，这个说法甚至比其他说法更难驳斥，苏格拉底！

苏　不是难，而是肯定，波卢斯。这是不可能的。真理决不会被驳倒。

波　你什么意思？好比有人在做不公正的事情时被抓住了，【c】他搞阴谋想立自己为僭主。假如他被抓住了，在拉肢架上受刑，眼睛也被烧坏了。假定他受了各种酷刑，被迫举证他的妻儿，让他们也受苦。到了最后，他被钉在柱子上，或者身上涂满油污。要是他没有被抓住，把他自己立为僭主，终生统治他的城邦，可以随心所欲做事，【d】成为本邦公民和异邦人羡慕的对象，他的福气为人们所称道，那么他就会比较幸福，是吗？这就是你说的不可能驳斥的事情吗？

苏　这一次你是在吓唬我，波卢斯，而不是在驳斥我。刚才你是在用证据来论证。不过，请你提醒我一下：这个人在搞阴谋，不公正地立他自己为僭主，你这样说了吗？

波　是的，我说了。

苏　在这个事例中，两种情况都不会有比较幸福的，不公正地获得了僭主的权力不会比较幸福，付出了代价的也不会比较幸福，因为在两个可悲的人中间不会有一个比另一个更幸福。【e】而是那个逃脱了被抓，成为僭主的人更加可悲。怎么回事，波卢斯？你在笑？这是另一种驳斥方式吗，别人提出一个看法你就笑，而不是驳斥他？

波　你不认为你已经被驳倒了吗，苏格拉底，你说的这些事情没人会这样看？你可以问在场的任何人。

苏　波卢斯，我不是政治家。去年抽签我被选为议事会成员，我们的部落担任轮值主席，【474】我必须召集投票，我进了会场，人们大笑。我不知道该怎么办。所以，别让我召集在场的人投票。如果你没有更好的“驳斥”要提供，如我刚才所建议的那样，那就让我说话，而你试着提出我认为的这种驳斥。因为我不知道如何就我说的任何事情提出一位证人，这是正在跟我讨论的人干的事。我是轻视民众的。我不知道如何召集投票，我甚至不和民众讨论事情。【b】所以想一下，看你是否愿意通过回答我的问题来驳斥我。我确实相信，你和我，还有其他每一个人，都认为做不公正之事比承受不公正之事更糟糕，不付出代价比付出代价更糟糕。

波　我确实相信我不相信，也没有其他人相信。所有，你宁可承受不公正，而不是去行不公正，是吗？

苏　是的，你和其他每个人也会这样做。

波　决非如此！我不会，你不会，其他任何人都不会。

苏　【c】那么你不愿意回答问题吗？

波　我当然愿意。实际上，我急于知道你要说什么。

苏　只要你回答我的问题，就当这是我的第一个问题，你会知道的。你认为哪一种情况更糟糕，波卢斯，做不公正之事，还是承受不公正？

波　我认为承受不公正更糟糕。

苏　你这样想？你认为哪一种情况更可耻，做不公正之事，还是承受不公正？告诉我。

波　做不公正之事。

苏　如果做实际上更可耻，那么它也是更糟糕的，不是吗？

波　不，根本不是。

苏　【d】我明白了。你显然不相信值得赞赏的和善的是一回事，坏的和可耻的是一回事。

波　对，我确实不相信。

苏　好吧，这种情况会怎么样？当你把所有值得赞赏的事物称作可赞赏的时候，比如身体，或者颜色、图形、形状、声音，或者实践，你在每一次这样做的时候就没有什么想法吗？首先，以身体为例，你不是因为相对于其他有用的事物而言它们有用，才称它们为值得赞赏的吗，或者你是因为某种快乐才称它们为值得赞赏的，如果看着身体使看的人得到享受？在身体的值得赞赏的性质上，你还能说出其他什么原因来吗？

波　【e】不，我不能。

苏　所有其他事物不也一样吗？你不是由于有某种快乐或利益，或者二者皆有，才把形状或颜色称作值得赞赏的吗？

波　是的，我是这样做的。

苏　声音和其他与音乐有关的事物不也一样吗？

波　是的。

苏　我想，与法律和习俗相关的事情——当然是值得赞赏的法律和习俗——肯定也是这样，它们之所以值得赞赏不外乎它们是快乐的或有益的，或者二者皆有。

波　【475】不，我不认为它们会是这样的。

苏　学习领域中值得赞赏的事情不也一样吗？

波　确实如此。是的，苏格拉底，你联系快乐和善来给值得赞赏的事物下定义，值得赞赏。

苏　所以我给可耻的事物下定义也可以联系与快乐和善相反的痛苦和恶，不是吗？

波　必定如此。

苏　因此，两样值得赞赏的事物中的一样比另一样更值得赞赏，之所以如此，乃是因为它在快乐或有益方面超过了对方，或者在两方面都超过对方。

波　是的，没错。

苏　两样可耻的事物中的一样比另一样更可耻，【b】之所以如此，乃是因为它在痛苦或恶的方面超过对方。这不也是必定如此吗？

波　是的。

苏　那么好，我们刚才关于做不公正的事和承受不公正的事是怎么说的？你不是说过承受不公正的事更糟糕，而做不公正的事更可耻吗？

波　我是这样说过。

苏　如果做不公正之事实际上比承受不公正之事更可耻，那么不就是由于做不公正之事更痛苦，在痛苦方面超过承受不公正之事，或者是由于在恶的方面超过承受不公正之事，或者在两个方面都超过了吗？这不也是必然如此吗？

波　当然如此。

苏　【c】让我们先来看这一点：做不公正之事在痛苦方面超过承受不公正之事，做的人比承受的人受到更大的伤害，是吗？

波　不，苏格拉底，完全不是这么回事！

苏　所以，做不公正之事在痛苦方面不超过承受不公正之事。

波　肯定不超过。

苏　所以，如果做不公正之事在痛苦方面不超过承受不公正之事，它在这一点上也不会在两方面超过承受不公正之事。

波　显然不会。

苏　那么它只能在其他方面超过了。

波　是的。

苏　在恶的方面超过。

波　显然如此。

苏　所以，由于做不公正之事在恶的方面超过承受不公正之事，做不公正之事要比承受它糟糕。

波　这很清楚。

苏　【d】大多数人，还有你刚才，同意我们的意见，做不公正之事比承受不公正之事更可耻，是吗？

波　是的。

苏　现在，你瞧，做不公正之事变得更糟糕了。

波　显然如此。

苏　那么你会欢迎更糟糕和更可耻的事情，超过较不糟糕和较不可耻的事情吗？请不要回避问题，波卢斯。你不会受到任何伤害。请你高尚地臣服于论证，就好像你去看医生，回答我。对我问你的问题说是或者不是。

波　【e】不是，我不会那样做的，苏格拉底。

苏　其他人会吗？

波　不会，我不这么想，无论如何，不会按照这个论证。

苏　那么，我是对的，我说你和我，还有其他任何人，都不会去做不公正的事情，超过承受不公正的事情，因为做不公正之事确实更糟糕。

波　好像是这样的。

苏　所以你瞧，波卢斯，这种驳斥与其他驳斥相比，完全没有相同之处。如果只有我同意你的意见，【476】那么你是我的全部需要，尽管你这一派只有一个人，我还是需要你的同意和证明。我只召集你一个人投票，其他人我都忽略掉了。在这一点上，就让它成为我们的判决。下面，让我们来考察我们之间争论的第二个要点，也就是做不公正的事情付出代价是更糟糕的事情，如你所假定的，或者不付出代价是更糟糕的事情，这是我的看法。

让我们以这种方式来看一下。你说付出代价和做错事而被公正地绳之以法是一回事吗？

波　是的，我是这样说的。

苏　【b】那么你能说一切公正的事情就其是公正的而言都是不值得钦佩的吗？仔细想一想，把你的想法告诉我。

波　是的，我认为它们都不值得钦佩。

苏　也请考虑一下这个观点。如果某人对某物采取行动，那么也必定有某物承受它，以完成这个行动吗？

波　是的，我认为是这样的。

苏　这个完成了的行动就是行动者通过这个行动作用于承受者的那个行动吗？我的意思是，比如某个人打人，必定有某个人被打吗？

波　肯定有。

苏　如果打人的人打得狠或打得快，【c】那么被打的人也以同样的方式挨打吗？

波　是的。

苏　所以被打的人也会以任何方式对打他的人采取行动吗？

波　对，是这样的。

苏　所以，同样的道理，如果某个人在做烧灼的手术，那么必定有人被烧灼吗？

波　当然。

苏　如果他被严重地或痛苦地烧灼，那么被烧的人接受烧灼的方式就是烧他的人进行烧灼的方式，对吗？

波　对。

苏　同样的道理不也可以用来解释某个人开刀？因为有某人被切割。

波　对。

苏　如果切割得很大、很深、很痛，【d】那么被切割的人也以同样的方式被切割吗？

波　显然如此。

苏　我们小结一下，看你是否同意我刚才说的：在所有事例中，一事物无论以何种方式作用于另一事物，被作用的事物也以同样的方式承受这个行动。

波　是的，我同意。

苏　同意了这一点，那么付出代价是承受者的行动，还是行为者的行动？

波　它必定是承受者的行动，苏格拉底。

苏　要通过采取行动的某个人吗？

波　当然。通过实施惩罚的人。

苏　【e】一个正确、公正地实施惩罚的人？

波　是的。

苏　这个行为是公正的，还是不公正的？

波　是公正的。

苏　所以受惩罚的人在付出代价时是在公正地承受吗？

波　显然如此。

苏　我想，这是大家同意的，公正的事情是值得钦佩的吗？

波　对。

苏　所以这些人中一个在做值得钦佩的事情，另一个，那个受到惩罚的人，值得钦佩的事情在他身上完成了。

波　是的。

苏　【477】那么，如果这些事情是令人钦佩的，它们也是好的吗？因为它们既不愉快，又无利益。

波　确实如此。

苏　因此，付出代价的那个人有好事情在他身上完成吗？

波　显然。

苏　因此，他得到了益处吗？

波　是的。

苏　他得到的好处是我认为的那种好处吗？如果他公正地受到惩罚，他的灵魂会得到改善吗？

波　是的，好像是这样的。

苏　因此，付出代价的那个人从他的灵魂中赶走了某种坏东西吗?

波　是的。

苏　喔，他赶走的坏东西是最严重的吗?【b】请以这样一种方式看问题: 在一个人的财务中，你发现还有比贫穷更坏的事情吗?

波　没有，只有贫穷是最坏的。

苏　一个人的身体情况怎么样? 你会说这方面的坏由虚弱、患病、丑陋，以及诸如此类的事情组成吗?

波　是的，我会。

苏　你相信灵魂也有某种腐败状态吗?

波　当然。

苏　你不把这种状态称作不公正、无知、胆怯等等吗?

波　我肯定会这样说。

苏　关于这三件事情，人的财务，人的身体，人的灵魂，【c】你说有三种腐败的状态，亦即贫穷、疾病和不公正，是吗?

波　是。

苏　这些腐败状态中哪一种最可耻? 不就是不公正吗，不就是人的灵魂的整个腐败吗?

波　确实是这样的。

苏　如果这是最可耻的，那么它也是最坏的吗?

波　你这是什么意思，苏格拉底?

苏　我的意思是这样的: 我们前面取得过一致意见的看法蕴含着这样一个意思，最可耻的事物之所以如此，乃是因为它是最大的痛苦的源泉，或者是最大的伤害的源泉，或者是二者的源泉。

波　确实如此。

苏　我们现在同意，【d】不公正和整个灵魂的腐败是最可耻的事情。

波　我们是同意了。

苏　所以，它之所以是最痛苦的或最可耻的，乃是因为它在痛苦，或在伤害，或在这两个方面都超过其他，是吗?

波　必然如此。

苏　那么不公正、不受惩罚、胆怯、无知比贫穷和患病更痛苦，是吗？

波　不，我不这么想，苏格拉底，从我们已经说过的话里面好像推不出这一点。

苏　所以，人的灵魂腐败是最可耻的，【e】其原因是它通过某种巨大的伤害和令人震惊的恶超越了其他，而在痛苦方面没有超过其他，按照你的推论。

波　好像是这样的。

苏　但是在最大的伤害方面进行超越的东西，我想，肯定是最糟糕的事物。

波　是的。

苏　那么，不公正，缺乏管束和所有其他形式的灵魂腐败是最糟糕的事情。

波　显然如此。

苏　喔，摆脱贫穷的技艺是什么？不就是财务管理吗？

波　是。

苏　摆脱疾病的技艺是什么？不就是医疗吗？

波　【478】肯定是。

苏　摆脱邪恶和不公正的技艺是什么？如果你不确定，可以这样看：身体有病的人，我们送他去哪里，去见什么人？

波　去看医生，苏格拉底。

苏　行为不公正，不受管束的人，我们送他去哪里？

波　去见法官，你认为如何？

苏　这样做不就是让他们付出代价吗？

波　是的，我同意。

苏　那些正确地实施惩罚的人在这样做的时候不是使用了一种公正吗？

波　这一点是清楚的。

苏　那么，消除贫穷的是财务管理，【b】消除疾病的是医疗，消除不公正和不受约束的是公正。

波　显然如此。

苏　喔，这些东西中，哪一样最值得钦佩？

波　哪一样，你什么意思？

苏　财务管理，医疗，公正。

波　公正最值得钦佩，苏格拉底。

苏　如果公正真的是最值得钦佩的，那么它在这个例子中既不是最快乐的，又不是最有益的，或者二者都不是，对吗？

波　对。

苏　喔，在获得医疗的时候，有什么事是愉快的吗？人们在得到治疗的时候很享受吗？

波　不，我不这么认为。

苏　但它是有益的，不是吗？

波　是。

苏　【c】由于他们正在消除某些很坏的东西，让身体得到康复，暂时忍受痛苦对他们来说是值得的。

波　当然。

苏　喔，如果一个人正在接受治疗，或者他从来不生病，那么就他的身体而言，哪一种情况下人是最幸福的？

波　显然是从来不生病。

苏　因为幸福显然不是消除某种恶的事情；倒不如说，幸福是从一开始就不染上恶。

波　是这样的。

苏　【d】很好，两个人，各自在身体或灵魂上有某种恶，他们哪一个更可悲，是那个接受治疗摆脱了恶的人，还是那个没有接受治疗仍旧保持恶的人？

波　那个没有接受治疗的人，在我看来是这样的。

苏　喔，付出代价就不是要消除那个最大的恶，亦即腐败？

波　是的。

苏　对，我想，因为这样的公正会使人们自控，变得比较公正。公正已经证明自己是一种对抗腐败的治疗。

波　是的。

苏　那么，最幸福的人是那个灵魂中没有任何恶的人，而我们已经说明这种恶是最严重的。

波　这很清楚。

苏　【e】我假定，第二位的是那个消除了恶的人。

波　显然如此。

苏　这就是那个受到告诫和谴责的人，那个付了代价的人。

波　是的。

苏　那么，继续作恶的人，不能消除恶的人，他的生活是最糟糕的。

波　显然如此。

苏　这不就是那个人，【479】如你所说的阿凯劳斯和其他僭主、演说家、统治者，使他自己所处的位置吗，尽管犯下极大的罪行，使用了最不公正的方法，又成功地逃脱了训诫和惩罚，没有付出代价？

波　这很清楚。

苏　对，我的大好人，我想这些人的所作所为就像一名讳疾忌医的病人，患了重病，【b】却不愿为他身体的过失向医生支付代价，又像小孩一样，害怕烧灼术或外科手术，因为它们是痛苦的。你也会这样想吗？

波　是的，我会。

苏　这是因为他显然不知道健康和身体好的含义。以我们现在同意的观点为基础，那些逃避付出代价的人也在做同样的事情，波卢斯。他们关注的是付代价的痛苦，但是漠视它的好处，根本不知道有不健康的灵魂的生活比有不健康的身体的生活要可悲得多，【c】这个灵魂由于不公正和不虔诚而腐败。也是由于这个原因，他们不遗余力地逃避付出代价，不愿消除这种最糟糕的东西。他们为自己寻找金钱和朋友，寻找可能具有说服力的讲话方法。如果我们现在同意的这一点是真的，波卢斯，那么你明白从我们的论证中可以推出什么事情来吗？或者说，你喜欢我们把这些结论摆出来吗？

波　是的，如果你认为我们应当这样做。

苏　从中可以推出，不公正，做不公正的事情，是最糟糕的，不是吗？

波　【d】是的，显然如此。

苏　我们已经说明付出代价可以消除这种恶，是吗？

波　好像是这样的。

苏　如果不付出代价，那么恶仍旧存在，是吗？

波　是的。

苏　所以，做不公正的事情是第二糟糕的事情。当一个人依其本性做了不公正的事情而又不付出代价，这是第一糟糕的事情，是一切糟糕的事情中最糟糕的。

波　似乎如此。

苏　我们之间争论的不就是这一点吗，我的朋友？【e】你认为阿凯劳斯是幸福的，他犯了大罪而又不付出代价，而我的看法正好相反，逃避为他的恶行付出代价，无论他是阿凯劳斯，还是其他人，都是或应当是最可悲的，超过其他所有人，做不公正之事的人总是比承受不公正之事的人更可悲，逃避付出代价的人总是比付了代价的人更可悲。我不是说过这些事情吗？

波　是的。

苏　我们不是已经证明这个说法是正确的吗？

波　显然是正确的。

苏　【480】有道理。如果这些事情是真的，波卢斯，那么演讲术的大用处在哪里？以我们现在同意的观点为基础，一个人应当保护自己，决不去做不公正的事情，知道自己若是做了，会有大麻烦。难道不是这样吗？

波　是的，没错。

苏　如果他或其他人在意不公正的行为，他应当自愿去他可以付出代价的地方，越快越好；【b】他应当去见法官，就好像去看医生，他焦虑的是不要让不公正这种疾病迅速蔓延，乃至于他的灵魂到后来变得无法治愈。波卢斯，如果我们前面同意的观点真的能站住脚，我们其他还能说什么？这些陈述不是必然以这种方式与我们前面的观点相吻合吗？

波　喔，是的，苏格拉底。其他我们还能说什么？

苏　所以，如果演讲术是用来为不公正辩护的，波卢斯，为自己的不公正，为自己的亲属的不公正，为自己的同伴的不公正，为自己的子女的不公正，为自己的国家的不公正，【c】那么它对我们没有任何用处，除非将它用于相反的目的它才是有用的：首先和最重要的是谴责他自己，然后是谴责他的家庭成员和其他与他亲近的人，他们正好在某个时间做了不公正的事情；他不应当隐瞒恶行，而要将它公布于众，这样可以付出代价，重获健康；迫使他自己和其他人不要做胆小鬼，而要咬紧牙关，勇敢地面对，就好像去见医生，接受手术和烧灼，追求善的和值得钦佩的东西，而不在意要承受的痛苦。如果他的不公正的行为要接受鞭打的处罚，【d】他应当去接受鞭打；如果应当坐牢，那么就去坐牢；如果要付罚款，那么就交罚金；如果应当流放，那么就接受放逐；如果应该处死，那么就去死。他应该是他自己的主要原告，是他自己家庭其他成员的原告，要用他的演讲术来消除糟糕的事情，亦即不公正，把这些不公正的行为都揭露出来。对此我们会肯定还是否定，波卢斯？

波　【e】我认为这些说法是荒唐的，苏格拉底，尽管你无疑认为这些说法与前面的那些观点相一致。

苏　那么，我们要么抛弃这些说法，要么认为它们是必然推出的结论？

波　是的，只能这样。

苏　另一方面，反过来说，假定一个人不得不伤害某个人，某个敌人或其他任何人，而他没有承受来自他的这个敌人的任何不公正的事情——这是要小心提防的事情——如果这个敌人对其他人做了不公正的事情，【481】那么我们的人应当以各种方式来观察，看他做了些什么，也看他说了些什么，看他的敌人有没有去法官那里付出他的代价。如果他的敌人确实去了，那么他应当设法开释他的敌人，不要让他付代价了。如果他的敌人偷了许多黄金，他应当设法让他的敌人不要归还黄金，而是保留黄金，以一种不公正的、无视神明的方式，让他自己和他的人挥霍这笔钱。如果他的敌人的罪行应当被处死，他应当设法让他的敌人活命，不被处死，最好是让他的敌人变得不会死，永远活在腐败之中，如果不可能做到这一点，【b】也要让他尽可能活得长。对，我认为演讲术对这种事情是有用的，波卢斯，因为对没有意愿做不公正的事情的人，演讲术在我看来似乎没有多少用处——哪怕它实际上有某些用处——因为它的有用性到现在为止还没有以任何方式显示。

卡　凯勒丰，你来告诉我，苏格拉底此刻是在说真心话，还是在开玩笑？

凯　我认为他是绝对真诚的，卡利克勒。尽管，你最好还是问他自己。

卡　众神在上！这正是我急于想问的。告诉我，苏格拉底，【c】我们现在应该把你当作认真的还是在开玩笑？如果你是认真的，如果你说的这些事情确实是真的，那么我们凡人的生活岂不就要颠倒过来，我们做的事情不是显然与我们应当做的事情正好相反吗？

苏　好吧，卡利克勒，如果人类并不分享共同的经验，而是有人分享这种经验，有人分享那种经验，那么我们每个人都有某些独特的经验不与他人共享，【d】要把自己经验到的东西与他人交流不是一件易事。之所以这样说，乃是因为我明白，你和我现在真的是在共享一种相同的经验：我们各自是两个对象的热爱者，我爱克利尼亚①之子阿尔基比亚德②和哲学，你爱雅典的"德莫"③和皮里兰佩④的"德莫"⑤。我注意到，

---

①　克利尼亚（Κλεινίας），人名。

②　阿尔基比亚德（Άλκιβιάδης），人名。

③　"德莫"（δήμου），雅典的区，在句中指各个区的人。

④　皮里兰佩（Πυριλαμπους），人名。

⑤　此处"德莫"暗指皮里兰佩的儿子德摩斯（δήμους）。

你在各种情况下都不会与你热爱的对象对抗，无论他说什么，或者宣布什么，尽管你很能干。【e】你不断地来回改变自己的观点。如果你在公民大会上说了什么，遭到雅典各个区的反对，你就改变自己的看法，说些他们想听的话。当你与那位长相俊美的年轻人皮里兰佩之子在一起的时候，这样的事情就在你身上发生。你不能反对你的情人说的话或他们的提议，所以当有人听到你说完全同意他们的解释，并对这种解释有多么荒唐感到惊愕的时候，你可能会说——如果有人提醒你要把真相告诉他——【482】除非有人阻止你的情人说话，否则你决不会阻止他们说这些事情。在这种情况下你一定要相信，你也必须听我说这样的事情，不是在我说这些事情的时候感到惊愕，而是必须阻止我热爱的哲学说这些事情。因为她总是在说你现在从我这里听到的这些话，我亲爱的朋友，她比我的其他相好更加稳定。至于克利尼亚之子，他说的话这一刻与下一刻不同，而哲学说的话始终如一，【b】她在说的这些事情令你感到震惊，尽管说这些事情的时候你是在场的。所以，要么驳斥她，说明做不公正的事情而不付出代价不是一切坏事情的终极，而我刚才说它是，要么做别的选择，对此不予驳斥，然后以神犬、埃及人的神的名义起誓，卡利克勒不同意你的观点，卡利克勒一辈子都与你的观点不合。不过，我的大好人，在我看来，我的竖琴和合唱队可能跑调了，所以我的音调不和谐，【c】使得大多数人不同意我的看法，与我对立，所以我最好还是把弦调好，把音校准，而不是与自己不和，与自己对立，尽管我只是一个人。

卡　苏格拉底，我认为你在这些讲话中哗众取宠，你真是一个取悦大众的人。你在这里对着大家卖弄技巧，就像波卢斯做过的事情一样，他当时指责高尔吉亚容忍你对高尔吉亚这样做。因为他说，不是吗，【d】你问高尔吉亚是否愿意教前来向他学习演讲术的人，但对那些不知道什么是公正的人，高尔吉亚羞于说不愿意，因为按照一般的习俗，他要是加以拒绝就会遭到诟病，于是他说愿意教。因此波卢斯说，由于高尔吉亚在这一点上表示同意，他就被迫自相矛盾，就像你现在这样。波卢斯当时嘲笑你，我想他这样做是对的。现在，同样的事情在波卢斯身上发生了。正是由于相同的原因，我不赞成波卢斯的做法，他赞成你的意见，做不公正的事情比承受不公正的事情更可耻。【e】作为这种承认的一个结果，他在讨论中被你束缚住了，缄默了，乃至于羞于说出他内心的想法。尽管你声称追求真理，但你实际上把这场讨论引向那些大众青睐的观点，这些观点只有按照法律来看是令人钦佩的，按照自然① 则不是。而这两样东西，自然和法律，【483】在大部分场合下是相互对立的，所以，如果一个人羞于说出内心的想法，他就被迫自相矛盾。事实上，这就是你想出来的能干的伎俩，在你的讨论中恶毒地加以使用：如果一个人依据法律来讲话，你就狡猾地依据自然向他提问；如果他依据自然来讲话，你就依据法律向他提问。这就是刚才在这里发生的事情，讨论的问题是做不公正的事情和承受不公正的事情。波卢斯的意思是依据法律做不公正的事情更加可耻，你在争论的时候就把他的意思当作是依据自然。依据自然，一切事物越糟糕也就越可耻，就像承受不公正的事情，而依据法律，则是做不公正的事情更可耻。【b】不，没有人会愿意承受不公正的事情，只有奴隶才愿意这样做，对奴隶来说，死了比活着好，受到虐待的时候，奴隶不能保护自己，也没有其他人在意这种事。我相信，我们法律的制定者是弱者，是多数人。所以他们要制定法律，为他们自己制定奖赏和惩罚，【c】心里想的是他们自己的利益。作为吓唬那些人群中比较有力量的人的方法，为了防止那些有能力的人获取的一份利益超过他们，他们就说得到超过应得部分的利益是"可耻的"和"不公正的"，而做不公正的事情无非就是试图得到比应得的一份更多的利益。我认为，他们喜欢得到平均的一份，因为他们是低能的。

为什么试图得到比多数人更多的一份利益依照法律被说成是不公正的和可耻的，为什么人们要称之为做不公正的事情，这些就是原因。【d】但是我相信，自然本身已经揭示，比较好的和比较能干的人获得比那些比较差的和比较不能干的人更多的利益是一件公正的事情。自然在许多地方表明应该是这样的，在其他动物中，在所有城邦里，在人的种族

---

① 本性（φύσις），希腊文中的本性与自然是一个词，人的自然就是人的本性。

中，自然表明所谓公正就是这样被决定的：优秀者统治低劣者，拥有比低劣者更多的一份利益。薛西斯① 发兵侵略希腊，【e】或者他的父亲②发兵侵略西徐亚③，这样做依据的是哪一种公正？这样的事例不胜枚举。我相信这些人做这些事情依据的是公正的本性——对，宙斯在上，依据的是自然的法则，而不会是依据我们制定出来的所谓法律。我们在我们中间造就最优秀、最强大的人，但要趁他们还年轻的时候，就把他们像幼狮一样抓来，用符咒使他们屈服，【484】使他们成为奴隶，告诉他们每个人所得不能多于平等的那一份，这才是值得钦佩的、公正的。但可以肯定的是，本性平等的人会站起来，摆脱各种控制，打碎一切枷锁，逃避所有这一切，他会践踏我们的文件、我们的计谋和咒语、我们所有违反自然的法律。他，这个奴隶，会站起来宣布，【b】他才是我们的主人，自然的正义之光将在这里闪耀。我想，品达④ 在他的那首颂歌里也提到了我在说的事情，他说，"法律，万物之王，可朽的凡人与不朽的诸神"，他还说，这种法律"支配一切，高举双手把公正赐给最强暴的行为，赫拉克勒斯⑤ 的业绩我可拿来证明，他无须付钱……"⑥ 他的话大意如此——我不太熟悉他的诗——他说赫拉克勒斯赶走了革律翁⑦ 的牛，赫拉克勒斯没有付钱，【c】革律翁也没有把牛送给他，他这样做的根据是天然的公正，那些低劣者的牛和其他所有财产都属于优秀者和比较好的人。

这就是事情的真相，如果你放弃哲学，转到更加重要的事情上来，你会承认的。哲学无疑是一样令人愉快的东西，苏格拉底，只要在人生

① 薛西斯（Ξέρξης），生于公元前 519 年，卒于公元前 466 年，波斯国王，公元前 485—前 465 年在位。

② 薛西斯的父亲是波斯国王大流士一世。

③ 西徐亚（ΣΚυθία），地名。

④ 品达（Πίνδαρος），希腊诗人，生于公元前 518 年。

⑤ 赫拉克勒斯（Ἡρακλῆς），希腊神话中的大英雄，有诸多伟大业绩。

⑥ 品达：《残篇》第 169 条。

⑦ 革律翁（Γηρυόν）是希腊神话中的巨人，他的牛被赫拉克勒斯夺走。

恰当的时候有节制地学习哲学。但若花费过多的时间去学习哲学，那么它是人的祸根。这是因为，哪怕一个人天性适宜学习哲学，但若他沉迷于哲学超过恰当的时间，【d】他也一定会变得在日常事务上毫无经验，而这些事务是一个值得钦佩的好人应当思考、应当熟悉的。这样的人会变得对他们城邦的法律一无所知，也不知道在公共场合和私下里该用什么样的语言与他人交谈，更不明白人生享乐和风情，总而言之，他们完全缺乏人生经验。所以，当他们大着胆子参加私人活动或公共活动时，【e】就像我说的那些参加政治的人大着胆子进入你的行当，使用你这种语言，结果立马成为笑柄。欧里庇得斯说过这种事情的结果，"每个人要在一件事情上"闪亮发光，"全神贯注地做这件事，把每一天的大部分时间用来做这件事，而这件事是他最擅长的。"①【485】一个人无论在哪件事情上是低劣的，他就会回避它和责骂它，而当他赞扬其他事情时，他认为自己在这件事情上是能干的，以为这样做也就是在赞美他自己。然而，我相信两方面兼而有之才是最恰当的。按照你的教育的需要学习一定量的哲学，这是一件令人钦佩的事情，所以当你还是个孩子的时候，实践哲学并不可耻，但若你长大成人之后仍旧学习哲学，【b】那么事情就变得滑稽可笑了，苏格拉底！我自己面对哲学化了的人的反应很像面对讲话吞吞吐吐、像儿童一样在玩耍的人。当我看到一个孩子讲话吞吞吐吐，在那里玩耍，我会感到喜欢，因为对他来说以这种方式讲话仍旧是恰当的。我发现这是一件令人喜悦的事情，是他值得培养的象征，这种方式对这个年纪的儿童来说是恰当的。而当我听到一个小孩十分清晰地讲话，我会认为这种声音很刺耳，会伤了我的耳朵。我想，用这样的方式讲话适合奴隶。【c】但是，当我听到一个成年人讲话吞吞吐吐，或者看到他像儿童一样玩耍，我会感到这是滑稽可笑的，不像成年人的作为，这个人该受鞭笞。现在，我也以同样的方式对待那些从事哲学的人。当我看到一名少年学习哲学，我

① 欧里庇得斯（Εὐριπίδης），希腊悲剧诗人，公元前 484—前 407 年。参阅欧里庇得斯：《安提俄珀》残篇 20。

会赞同，我认为这是恰当的，把这名少年视为值得培养的，我也会把那些不从事哲学的人视为缺乏教养的，【d】今后也不会有任何令人钦佩或高尚的行为。但是，当我看到一位成年人仍旧在从事哲学，不愿放弃，我想这样的人需要鞭笞。因为，如我刚才所说，这样的人非常典型，哪怕他有极高的天赋，也会变得不像个男人，回避去市中心和市场——按照这位诗人①的说法，男人在那里崭露头角——【e】一辈子躲在某个角落里，和三四个奴才窃窃私语，从来不谈什么有教养的、重要的或者恰当的事情。

苏格拉底，我确实对你非常敬重，抱有深深的善意。我发现自己有了欧里庇得斯剧中的泽苏斯②对安菲翁③的那种感觉，他的话我刚才引用过。事实上，他对他兄弟说的话到我这里就变成了我对你说的话。"你放弃了你应当全身心投入的事情，尽管你的精神禀赋如此崇高，但你把自己展现给世界的时候却像个孩子。【486】在公正的议事会里你不能正确地讲话，或者发出什么似乎有理的、有说服力的声音。你也不能代表其他人提出任何大胆的建议。"④所以，我亲爱的苏格拉底——请别对我生气，因为我是为了你好才对你这样说的——你不认为我说的你走的这条道路是可耻的吗，还有那些在哲学道路上走过头了的人？正因如此，如果有人抓住你，或者抓住其他像你这样的人，送你去监狱，罪名是你做了不公正的事情，而实际上你没有，这种时候你就知道自己没有任何用处了。你会头晕目眩，【b】你会张口结舌，你不知道该说什么好。你会被送上法庭，面对一帮恶毒无赖的控告，最后被处死，如果他们要求处死你。然而，苏格拉底，"这怎么会是一件聪明的事情，这种把俊美的男子变得难看的技艺"⑤，既不能保护他自己，又不能拯救他自己和其

---

① 参阅荷马：《伊利亚特》9∶441。

② 泽苏斯（Ζῆθος），人名。

③ 安菲翁（Ἀμφίον），人名。

④ 欧里庇得斯：《安提俄珀》残篇21。

⑤ 欧里庇得斯：《安提俄珀》残篇25。

他人，使之摆脱极端危险的处境，被他的敌人剥夺全部财产，【c】在他的城邦里过一种绝对无权的生活？说得更加残忍一些，对这样的人谁都可以打他的耳光而不必付出代价。听我说，我的好人，停止这种反驳。"练习一下积极生活的甜美音乐，从你为了变得聪明而受到驳斥的地方开始。把那些精妙的东西留给其他人"——无论我们应当称之为愚蠢还是胡言乱语——"它们会使你独居空屋"，① 值得羡慕的不是那些驳斥了这种微不足道的小事的人，【d】而是那些拥有生命、名望，以及其他许多好东西的人。

苏　假如我真的拥有一颗黄金做的灵魂，卡利克勒，而我在一堆石头中发现了一块试金石，你不认为我应当为此感到高兴吗？如果我打算用来考验我的灵魂的这块石头是最好的石头，考验下来以后它说我的灵魂已经得到了很好的照料，你不认为我能够很好地知道这一点，知道我的灵魂形态良好，不需要进一步考验了吗？

卡　【e】你的问题的要点是什么，苏格拉底？

苏　我会告诉你的。我相信，能碰上你真的非常幸运。

卡　你为什么这么说？

苏　我非常明白，如果你和我的灵魂相信的事情是一致的，【487】那么它一定是真的。我意识到，一个要把灵魂置于恰当的考验之下，看它是否公正地生活的人必定拥有三项品质，而你全部都有，它们就是知识、善意和坦率。我碰到过许多人，他们不能考验我，因为他们不像你这么聪明。其他一些人是聪明的，但他们不愿把真相告诉我，因为他们不像你那么关心我。至于这两位来访者，【b】高尔吉亚和波卢斯，他们俩是聪明的，也喜欢我，但缺乏坦率，显得过于害臊了。难怪！他们的害臊到了这样一种程度，由于害臊，他们各自竟然当着众人的面，在讨论最重要的问题的时候自相矛盾。你拥有其他人所没有的这三样品质。你受过相当好的教育，【c】许多雅典人都会同意这一点，你对我抱有善意。我这样说有什么证据呢？我会告诉你的。我知道，卡利克勒，

---

① 卡利克勒此处再次引用欧里庇得斯。

在智慧方面你们有四个人是同伙：你、阿菲德那①人提珊德尔②、安德罗提翁③之子安德隆④、科拉吉斯⑤人瑙昔居德⑥。有一次，我听说你们商议一个人的智慧应当开发到什么程度，我知道某种意见在你们中间占了上风：【d】你号召大家不要过分热情地追求哲学化，乃至于迂腐，而要警惕，不要变得聪明过头，不经意间给自己带来毁灭。所以，你向我提出的建议与你向你最亲密的同伴提出的建议是相同的，听到你的建议，我有了充分的证据证明你确实对我心存善意。至于我说你能够坦率地讲话而不害臊，你本人已经这样说了，你刚才讲的那番话已经证明了这一点。所以，当前这些事情进展到什么地步是清楚的。【e】在我们的讨论中如果有任何观点你我意见一致，那么这个观点已经被你我恰当地作了考验，没有必要再作进一步的考验，因为你决不会由于缺乏智慧或过于害臊而对我的意见让步，也不会对我撒谎。你是我的朋友，你自己也是这样说的。所以，在我们相互一致的地方最终都能把握真理。最令人钦佩的是，卡利克勒，对这些事情的考察是你要我承担的任务，一个人应当成为什么样的人，他应当献身于什么事务，【488】他应当做到什么地步，年老的时候做到什么地步，年轻的时候做到什么地步。对我来说，如果我这辈子从事了什么不恰当的行当，请你一定要理解我犯下这个错误不是故意的，而是由于无知。所以，别放弃你已经对我开始的训诫，而要清楚地告诉我应当献身于什么事业，怎样才能走上这条道路；如果你现在使我赞同了你的意见，而以后我没有去做我表示赞同的事情，那么你可以把我当作一个非常愚蠢的人，【b】不可救药，以后再也不对我进行训诫，因为我是一个低劣的家伙。

　　请你从头开始，重新表述一下你的立场。你和品达都认为正确的那

---

① 阿菲德那（Ἀφιδναῖος），地名。

② 提珊德尔（Τείσανδρον），人名。

③ 安德罗提翁（Ἀνδροτίων），人名。

④ 安德隆（Ἄνδρων），人名。

⑤ 科拉吉斯（Χολαργές），地名。

⑥ 瑙昔居德（Ναυσικύδης），人名。

个"天然的公正"是什么？是优秀者应当用武力夺走属于低劣者的东西、比较好的人应当统治比较差的人、高贵的人应当比低劣的人拥有更多的利益吗？你没说其他什么东西是公正，是吗？我记得没错吧？

卡 没错，我就是这么说的，而且现在还会这么说。

苏 你所说的"比较好的"人和"优秀的"人是同一个人吗？【c】我刚才不明白，也想象不出你是什么意思。你把比较强的人称作优秀的，所以那些比较弱的人应当接受比较强的人的命令吗？这也是我认为你刚才试图说明的，你说大城邦按照所谓的天然公正攻击小城邦，因为它们是优秀的和比较强的，假定优秀、【d】比较强、比较好，是一回事。或者说，有可能一个人是比较好的，但也是低劣的或者较弱的吗，或者是比较强大的，但也是更加邪恶的？或者说"比较好"和"优秀的"确实有相同的定义吗？请为我清楚地界定这一点。"优秀的"、"比较好"和"比较强"是相同的还是不同的？

卡 很好，我正要清楚地告诉你，它们是相同的。

苏 除了有某个优秀的人，不是还有许多人生来就是优秀的吗？他们实际上就是给这个人制定法律的那些人，如你本人刚才所说。

卡 当然。

苏 所以许多人的统治是优秀者的统治。

卡 是的，没错。

苏 【e】许多人的统治不也是比较好的人的统治吗？我想，按照你的推论，优秀者也是比较好的那个人。

卡 是的。

苏 这些人的统治不是天然令人钦佩的吗，因为他们也是优秀的人。

卡 这就是我的看法。

苏 喔，拥有平等的一份利益，做不公正的事情比承受不公正的事情更可耻，不就是许多人的统治吗，【489】如你刚才所说？是这样的，还是不是这样的？请你小心，别被我抓住漏洞而丢脸。拥有平等的一份利益，不去获取比较大的一份利益，做不公正的事情比承受不公正的事情更可耻，那么许多人服从还是不服从这种统治？请别吝惜对我的问题作出回答，卡利克勒，这样的话，我可以从你那里确认你是否同意我的观点，这才是一个有能力下判断的人的赞同。

卡　行，许多人确实服从这种统治。

苏　【b】所以，做不公正的事情比承受不公正的事情更可耻，或者说，只拥有平等的一份利益，依据的不仅是法律，而且也是自然。由此可见，你前面说得不对，你对我的指责也是错的，你当时说自然和法律是相互对立的，说我尽管很明白这一点，但在陈述中犯了可悲的错误，别人提到自然的时候，我就诉诸法律，而别人提到法律的时候，我就诉诸自然。

卡　这个人不会停止胡言乱语！告诉我，苏格拉底，你这把年纪的人还在咬文嚼字，吹毛求疵，挑剔别人的用词，不感到可耻吗？【c】你认为我说的优秀只表示优秀而不能表示比较好吗？我不是对你说过，我用"比较好"和"优秀"指的是同一事物吗？或者说，你以为我指的是一群奴隶和乱七八糟的人，除了有点儿力气之外没有什么用处，这些人凑在一起说了一些话，然后这些话就是法规吗？

苏　有道理，最聪明的卡利克勒。这是你要说的吗？

卡　当然是。

苏　【d】那么好，我神奇的朋友，我刚才还在猜测你用"优秀"指的就是这样的人，我向你提问是因为我想清楚地知道你的意思。我真的不会假定你认为二比一更优秀，或者奴隶比你更优秀，因为他们比你强壮。我们还得重头来过，请你告诉我，你说的"比较好"是什么意思，因为比较好不是比较强？喔，我奇妙的朋友，请你教我一些容易的东西，以免我在你的学校里退学。

卡　【e】你在讥讽我，苏格拉底。

苏　不，我没有，卡利克勒，是你刚才借着那位泽苏斯对我竭尽讥讽之能事！但不管怎么说，告诉我，你用"比较好"这个词指的是什么人？

卡　我指比较高尚的人。

苏　所以，你明白你自己说了几个词，但什么也没说清楚吗？你不会说你用"比较好"和"优秀"这些词指比较聪明或者比较什么的人吧？

卡　不，宙斯在上，我指的就是这些人。

苏　【490】所以按照你的推论，一个聪明人经常比无数不聪明的人更优秀，这个人应当统治，其他人应当被统治，这个统治者得到的份额要大于被统治者。我认为这就是你打算表达的意思——我不想咬文嚼字——这个人优于其他无数的人。

卡　是的，这确实就是我的意思。我认为这就是天然的公正：比较优秀的人，比较聪明的人，应当统治比他们低劣的人，也应当获得更多的利益。

苏　【b】等一下！你这一次又是什么意思？假定我们许多人像现在这样聚集在一起，在同一个地方，共同分享大量的食物和饮料，假定我们是乱七八糟的一群人，有些强壮，有些虚弱，再假定我们中间有一个是医生，在这些事情上比其他人聪明。他很像是比有些人强壮，比有些人虚弱，但肯定比我们聪明，那么他肯定会在这些事务中比较好和优秀吗？

卡　是的，他会。

苏　【c】所以，他应该拥有比我们更多的食物，因为他比较好吗？或者说他应该是分配各种食物的人，因为是他在掌管，而不应该弄到更大的一份食物来消费，用于他自己的身体，如果他这样做了还能逃避惩罚？相反，他得到的食物难道不会比有些人多，比有些人少，如果他正好是所有人中身体最虚弱的，这样一来，不就是最优秀的人得到最少的一份食物了吗，卡利克勒？难道不是这样吗，我的好朋友？

卡　【d】你在不停地谈论食物、饮料和医生，真是一派胡言。我指的不是这些东西！

苏　你不是说比较聪明的人是比较好的人吗？说是还是不是。

卡　是，我说过。

苏　但是比较好的人不是应该拥有更大的一份吗？

卡　无论如何，不是食物或饮料。

苏　我明白了。也许是衣服？织布匠应当拥有最大的衣服，应当穿着最多、最漂亮的衣服到处行走吗？

卡　你什么意思，衣服？

苏　说鞋子也行，很明显，这个领域最聪明的人，【e】最优秀的人应当拥有更大的份额。鞋匠也许会穿着最大的鞋子和最多的鞋子到处行走。

卡　你什么意思，鞋子？你一直在胡说八道！

苏　喔，如果你指的不是这类东西，那么也许是这样的。拿农夫来说吧，他是一个聪明的人，一个令人钦佩的人，擅长里面的事情。他也许应当拥有更多的一份种子，把它们尽可能多地撒在他自己的土地上。

卡　你怎么老是不停地说相同的事情，苏格拉底！

苏　是的，卡利克勒，不仅是相同的，而且是关于相同主题的。

卡　【491】众神在上！你在一直不停地谈论鞋匠、清洁工、厨师和医生，就好像我们的讨论和他们有关似的！

苏　那么你说我们的讨论和谁有关？优秀的人、比较聪明的人公正地拥有更大的一份，你讲这些干什么？你记不住我是怎么推进讨论的，又不把你的看法告诉我，是吗？

卡　我一直在对你说。首先，所谓优秀者我指的不是鞋匠或厨师，而是那些在城邦事务上的聪明人，【b】他们知道如何良好地管理国家。他们不仅聪明，而且勇敢，有能力完成他们的意愿，不会由于灵魂的虚弱而后退。

苏　我的好卡利克勒，你看出你我相互指责的不是同一件事吗？你说我老是在说同样的事情，为此批评我，而我正好与你相反，说你从来不就同一主题说同样的事情。【c】一个时候你把比较好的和优秀的界定为比较强的，然后又界定为比较聪明的，现在又变成了其他什么东西：优秀的和比较好的被你说成是比较勇敢的。但是，我的好伙伴，请你一劳永逸地告诉我，你说的比较好和优秀指的是什么人，他们在什么方面比较好和优秀。

卡 我已经说过，我指的是那些在城邦事务上很聪明的人，【d】而且他们也是勇敢的。由这些人来统治城邦是恰当的，所谓公正就是他们作为统治者应当拥有比其他人，那些被统治的人，更大的一份利益。

苏 但是他们自己怎么样，我的朋友？

卡 什么怎么样？

苏 统治还是被统治？

卡 你什么意思？

苏 我的意思是每一个个人统治他自己，或者说他根本不需要统治他自己，只需要统治别人？

卡 统治自己是什么意思？

苏 这没有什么深奥的。只是许多人的想法：【e】自我节制，做自己的主人，控制自身的快乐和欲望。

卡 你太让人高兴了！你说的自我节制的人就是那些傻瓜！

苏 怎么会呢？谁都能看出我不是这个意思。

卡 你是这个意思，苏格拉底，非常确定。一个人要是被奴役，怎么还能证明是幸福的呢？倒不如说，这是令人钦佩的，是天然公正的——我现在极为坦率地对你说——正确生活的人应当允许他的欲望尽可能增长，【492】而不是约束它们。当它们尽可能增长的时候，他应当能够凭着勇敢和理智致力于这些欲望的实现，让它们得到最大的满足。但是我相信，这对许多人来说是不可能的，因此他们由于感到羞耻就贬低能做到这一点的人，以此掩饰他们自己的无能。如我前面说过，他们说缺乏规矩是可耻的，所以要由他们统治那些天生比较好的人，当他们缺乏能力为自己提供足够的快乐时，他们的胆怯引导他们去赞扬自我节制和公正。【b】至于那些人，要么生来就是国王的儿子，要么天生就有能力保障自己的统治地位，当上僭主或国君，对他们来说，还有什么比自我节制和公正更可耻和更糟糕，尽管这些人自由自在地享受好事物而没有任何障碍，但他们怎么会把多数人的法律、他们的谈论和他们的批评当作主人来强加到自己头上？或者说，【c】他们身处"令人钦佩的"，公正和自我节制的统治集团之下，他们能够给予朋友的东西还不如给予敌人得多，以这种方式统治他们的城邦，他们怎么能够存在下去而不变得可悲？倒不如说，苏格拉底，事情的真相——你声称要追求的东西——是这样的：如果给养充足，那么放纵自己、无拘无束、自由自在是卓越的和幸福的；至于其他那些事情，那些华丽的词藻，那些违反自然的人的契约，完全是毫无价值的胡言乱语！

苏　【d】你的讲话非常坦率，你的论证方式确实在为你得分，卡利克勒。你现在清楚地说出其他人心里在想却不愿说出来的话。所以我请求你，不要有任何懈怠，这样才能使我们如何生活这个问题真的变清楚。告诉我：你是说要是一个人成为他应当是的那种人，他就不应当约束他的欲望，而应当让它们尽可能地膨胀，从这样和那样的资源中为它们寻求满足，【e】而这就是卓越？

卡　对，这就是我说的。

苏　所以，把那些没有任何需要的人称作幸福的是不对的？

卡　不对，如果对的话，石头和尸体会是最幸福的。

苏　但是这么一来，被你称作最幸福的那些人的生命也成了一件奇怪的事情。欧里庇得斯说过："有谁知道，死就是生，生就是死？"[1]如果他说得对，我不会感到奇怪。【493】我们也许真的死了。我曾经听某个聪明人说过，我们现在是死的，我们的身体是我们的坟墓，我们的欲望所在的灵魂的那个部分实际上是一种能被说服的东西，摇摆不定。因此，有个能干的人讲了一个故事，他是西西里人或者意大利人，他把灵魂的这个部分称作水罐，由于它动摇不定，很容易接受建议和被说服，【b】就这样轻易地改变了名称。[2]他把未入会的人称作傻瓜[3]，认为傻瓜的灵魂的这个部分就是他们的欲望的居所，是不受控制和约束的，这个部分没有紧紧地封闭，就像有裂缝的水罐。他就是依据它的不稳定性来

---

[1]　欧里庇得斯：《波吕伊都斯》残篇7。

[2]　水罐($\pi i \theta o \varsigma$)和可被说服的($\pi i \theta a v o v$)词形相近，所以说轻微地改变了名称。

[3]　未入会的($a \mu v \eta \tau o \iota$)和傻瓜($a v o \eta \tau o \iota$)的词形相近。这里的"入会"指加入秘仪。

想象它的形象的。这个人，卡利克勒，他的观点与你正好相反，他指出在哈得斯里面——哈得斯的意思是不可见的①——那些没入会的人是最可悲的。他们得用另一样漏水的东西——筛子，去为那只漏水的水罐取水。这就是他把灵魂比作筛子的原因(这是跟我谈话的那个人说的)。【c】由于他们的灵魂是漏的，所以他把傻瓜的灵魂比作筛子，因为筛子有许多洞，蠢人不可信并且易忘，因此不能保存任何东西。这个解释总体上有点奇怪，但我把它告诉你，它确实表达了我的意愿，想要说服你，改变你的想法，如果我能做到的话：选择有序的生活，这种生活是恰当的，可以在任何既定时间的环境中得到满足，而不是选择一种永远无法满足的，不受约束的生活。【d】如果我能说服你，你会改变想法，相信那些过着有序生活的人比那些不受约束的人更幸福吗，或者说如果我能提供更多诸如此类的故事，你能多少有些改变吗？

卡　你说的后面这件事情比较现实，苏格拉底。

苏　好吧，让我给你描述另一幅画面，和刚才那个出自同一学派。考虑一下你对这两种类型的生活会怎么看：自我节制的人的生活和不受约束的人的生活。这幅画是这样的：假定有两个人，各自有许多罐子。【e】属于一个人的罐子都很好，装满了东西，一只盛酒，一只盛蜜，一只盛奶，其他罐子装了其他各式各样的东西。假定这些东西的来源是稀缺的，只有通过非常艰苦的劳动才能得到。然后这个人装满了他的罐子，不再往里添加什么东西，也不再想到这些罐子。他现在可以休息了。至于另一个人，他也有许多资源可以搞到这些东西往罐子里添加，尽管很艰苦，【494】但他的器皿是漏的，有裂缝。他被迫不断地往里装，日夜不停，受苦受累。如果有一种生活就是我描述的这个样子，你会说不受约束的人的生活比有秩序的人的生活更加幸福吗？讲了这个故事，我能说服你，让你承认有秩序的生活比不受约束的生活好吗，或者说我不能说服你？

卡　你不能，苏格拉底。那个把自己装满了的人不会再有任何快

_____

① 不可见的（αιδὲς），与哈得斯（Ἄιδης）词形相近。

乐，他被装满了，也就既不能体验到快乐，【b】也不能体验到痛苦，这种人就像一块石头，如我刚才所说。倒不如说，快乐的生活是这样构成的：尽可能地流入。

苏　如果有大量东西流入，必定有大量东西流出，供它们流出的那些缝隙也一定很大，是吗？

卡　当然是。

苏　噢，你在谈论的是一种海鸟的生活，而不是死尸或石头的生活。告诉我，你认为有没有一种事情叫饥饿，饿了就吃？

卡　是的，有。

苏　【c】有没有一种事情叫口渴，渴了就喝？

卡　有，还有其他所有欲望，它们能够被满足，它们能享受，所以能够幸福的生活。

苏　好极了，我的大好人！请你继续说下去，因为你刚开了个头，千万别害臊。我显然也不应当害臊。首先请你告诉我，一个人身上发痒，用手去挠，能够挠到心满意足，而且挠一辈子，这样的人的生活是否也是幸福的。

卡　【d】胡说八道，苏格拉底。你是一个典型的、讨好大众的奉承者。

苏　这就是我刚才把波卢斯和高尔吉亚吓坏了，使他们感到害臊的地方。不过，你肯定不会感到害臊，因为你是一个勇敢的人。你只要回答我的问题就可以了，请吧。

卡　我说即使那个挠痒的人也会有愉快的生活。

苏　如果是愉快的生活，那么也是幸福的吗？

卡　是的，确实如此。

苏　【e】要是他只挠他的头——或者我还要进一步提问吗？如果有人不断地提问，一个接一个，想一想你该如何回答。娈童①的生活，作为这类事情的极致，难道不是最可耻、最可悲的生活吗？或者，你还会

---

①　娈童（κίναδος），男同性恋性行为中被动的一方，尤指男孩子。

说，只要他们的需要得到最大的满足，他们就是幸福的？

卡　你把我们的讨论引到这样的事情上来，你不感到可耻吗？

苏　我杰出的伙伴，这样做的人是我，还是刚才说了这样一些话的人，只要自己感到快乐，【495】无论做什么都是幸福的，至于这种快乐是好的还是坏的没有什么区别？也请你告诉我，你是否认为快乐与善是相同的，或者说有某些快乐不是好的。

卡　喔，如果我说它们不同，我的论证就不能保持一致，所以我说它们是相同的。

苏　你在破坏你前面的陈述，卡利克勒，如果你说的与你想的相反，你不再适合与我一道考察事情的真相。

卡　【b】你也破坏了你的陈述，苏格拉底。

苏　如果我这样做了，那是我的不对，你这样做了，是你的不对。不过，请你考虑一下，我神奇的朋友，善物肯定不只是不受约束的享受。如果是这样的话，我们刚才暗示过的许多可耻的事情以及其他许多事情显然就会尾随而来。

卡　那是你的看法，苏格拉底。

苏　你真的认同这些事情吗，卡利克勒？

卡　是的，我认同。

苏　【c】所以，我们是在你是诚实的这个前提下进行这场讨论的？

卡　确实如此。

苏　行，由于这就是你的想法，请你为我区别下面的事情：我想，有某样东西你称作知识，是吗？

卡　是的。

苏　你刚才不是说有这样一种东西，勇敢加知识，是吗？

卡　是的，我说过。

苏　只是由于假定勇敢和知识有区别，你才把它们当作两样东西来说吗？

卡　是的，就是这样的。

苏　那么好，你说快乐和知识是相同的还是不同的？

卡　【d】当然不同，你是这个世上最聪明的人。

苏　勇敢和快乐也肯定不同？

卡　当然。

苏　行，让我们把这一点记录在案：来自阿卡奈①的卡利克勒说快乐和善是相同的，知识和勇敢相互之间不同，也和善不同。

卡　来自阿罗卑克②的苏格拉底在这一点上表示不同意。或者他表示同意？

苏　【e】他不同意。我相信卡利克勒来见他本人的时候也不同意。告诉我：你不认为做事情做得好的人拥有和做事情做得不好的人完全相反的经验吗？

卡　不，我认为。

苏　既然这些经验是相反的，那么就健康和疾病来说，它们必定也是不同的吗？因为我想，一个人不可能同时既是健康的又是有病的，也不可能同时既赶走了健康又赶走了疾病。

卡　你这是什么意思？

苏　【496】以你喜欢的身体的某个部分为例，想一想。一个人可能眼睛有病，我们称之为"眼疾"，是吗？

卡　当然。

苏　那么他的眼睛肯定不可能同时也是健康的？

卡　不，绝无可能。

苏　如果他消除了眼疾会怎么样？他会把眼睛的健康也消除了，最后同时将两样东西都消除了吗？

卡　不，一点儿也不。

苏　【b】我假定，如果发生这样的事情，那可真令人惊讶，也是极不合理的，不是吗？

卡　是的，很不合理。

---

① 阿卡奈（Ἀχαρνεία），地名。

② 阿罗卑克（Ἀλωπεκῆθεν）是雅典一个区的名字，苏格拉底是这个区的人。

苏　但他会轮流获得和消除健康和疾病，我假定。

卡　对，我同意。

苏　强壮和虚弱不也是这种情况吗？

卡　是的。

苏　快捷和迟缓呢？

卡　是的，也是这样的。

苏　他也会轮流获取和消除好事物和幸福以及它们的对立面坏事物和不幸吗？

卡　毫无疑问，他会。

苏　【c】所以，如果我们发现有些事物是被人同时拥有和消除的，那么这些事物显然不会是好事物和坏事物。我们同意这一点吗？请非常仔细地加以考虑，然后再告诉我。

卡　我对此表示完全同意。

苏　现在往后退，回到我们前面意见一致的地方。你提到过饥饿——它是一件愉快的事情还是痛苦的事情？我指的是饥饿本身。

卡　是一件痛苦的事情。但对一个饥饿的人来说，吃是快乐的。

苏　【d】我同意。我理解。但是饥饿本身是痛苦的，不是吗？

卡　我也是这么说的。

苏　口渴也一样吗？

卡　肯定一样。

苏　我还要继续问吗，或者说，你同意每一种缺乏和欲望都是痛苦的？

卡　我同意。你不用再问了。

苏　说得好。你不会说，对一个口渴的人来说喝是一件快乐的事情？

卡　对，我会这样说。

苏　在你谈论的这个例子中，我想"一个口渴的人"意味着"一个处在痛苦中的人"，对吗？

卡　【e】对。

苏　喝就是对这种缺乏的补充，是一种快乐？

卡　是的。

苏　所以，就一个人在喝而言，你的意思不就是他感到享受吗？

卡　确实如此。

苏　哪怕他仍在口渴？

卡　对，我同意。

苏　哪怕他仍处在痛苦中？

卡　对。

苏　你观察到这样的结果吗，当你说一个人口渴喝水的时候，你实际上是说一个处在痛苦中的人同时感受到快乐？这种情况不是在同一个地方同时发生吗，在灵魂中或在身体中，随你高兴？我不认为这会有什么区别。是这样的，还是不是这样的？

卡　是这样的。

苏　但是你说一个做事情做得好的人【497】不可能同时也做得坏。

卡　对，我是这样说的。

苏　然而你同意一个处在痛苦中的人感受到快乐是可能的。

卡　显然如此。

苏　所以，感到快乐和做事情做得好不是一回事，处在痛苦中和做事情做得坏不是一回事，结果就是，愉快的事物变得和好的事物不同了。

卡　我不明白你的这些能干的谈论想要干什么，苏格拉底。

苏　你实际上是明白的。你只是假装不明白而已，卡利克勒。我们再前进一小步。

卡　你为什么还要继续胡说八道？

苏　【b】为的是让你明白你对我的斥责有多么聪明。作为喝的结果，我们每个人不是同时停止感到口渴和感到快乐吗？

卡　我不知道你这样说是什么意思。

高　别这样，卡利克勒！为了我们的利益，回答他，让讨论可以进行下去。

卡　但苏格拉底老是这样，高尔吉亚。他专门提出一些微不足道的、没有价值的问题，然后加以驳斥！

高　这对你来说又有什么区别呢？评价它们不是你的事，卡利克勒。你答应过苏格拉底，他可以用任何他喜欢的方式驳斥你。

卡　【c】行，那你就继续问这些琐碎的小问题吧，因为高尔吉亚听了会高兴。

苏　你是一个幸福的人，卡利克勒，能在这些小事情上领悟伟大的奥秘。我真没想到我这样做是得到允许的。所以，就从你刚才中断的地方开始，告诉我，我们每个人是否在停止感到快乐的同时也停止感到口渴。

卡　这是我的看法。

苏　他在停止快乐的同时不是也停止饥饿，或者也停止了其他欲望吗？

卡　是的。

苏　【d】那么一个人停止痛苦和停止快乐不也是同时的吗？

卡　是的。

苏　但是他肯定不会同时停止拥有好事物和坏事物，这是你同意的。你现在还同意吗？

卡　是的，我同意。这是为什么？

苏　因为它证明了好事物与快乐的事物不是一回事，坏事物与痛苦的事物不是一回事。因为快乐的事物和痛苦的事物会同时停止，而好事物和坏事物不会同时停止，因为它们实际上是不同的事物。所以，快乐的事物怎么能和好事物相同，痛苦的事物怎么能和坏事物相同呢？

如果你喜欢，可以用这个方式来看一下，因为我假定你不会也同意这个论证。【e】请考虑一下这一点。你把某些人称作好的，不就是因为好事物在他们身上呈现吗，就好像你把他们称作好看的，因为好看在他们身上呈现？

卡　是的，我是这么看的。

苏　那么好吧，你把傻瓜或胆小鬼称作好的吗？你刚才没有这样做，而是把勇敢的和聪明的人称作好的。或者说你不把这些人称作好的？

卡　噢，是的，我会这样做的。

苏　那么好，你见过愚蠢的儿童享受快乐吗？

卡　是的，我见过。

苏　你从未见过愚蠢的人享受快乐吗？

卡　不，我想我是见过的。但这又怎样？

苏　【498】不怎么样。请你只管回答。

卡　是的，我见过。

苏　好吧，你见过聪明人感受痛苦或感受快乐吗？

卡　是的，我料定我是见过的。

苏　现在，谁更多地感觉到痛苦或者快乐，聪明人还是愚蠢的人？

卡　这没有什么大的区别。

苏　相当好。你曾见过战斗中的胆小鬼吗？

卡　我当然见过。

苏　好吧，敌人撤退的时候，你认为谁会感到更多的快乐，是胆小鬼还是勇敢者？

卡　【b】我想他们都感到快乐，胆小鬼感到的快乐也许更多一些。如果不是这样，那么他们的快乐程度差不多。

苏　是没有什么差别。所以胆小鬼也感到快乐？

卡　噢，是的，确实如此。

苏　显然，傻瓜也感到快乐。

卡　是的。

苏　敌人前进的时候，只有胆小鬼感到痛苦，还是勇敢者也感到痛苦？

卡　他们都感到痛苦。

苏　痛苦程度相同吗？

卡　胆小鬼也许感到更多的痛苦。

苏　当敌人撤退时，他们不是感到更多的快乐吗？

卡 也许。

苏 所以，傻瓜和聪明人、胆小鬼和勇敢者，【c】都能感受到程度大体相同的痛苦和快乐，如你所说，或者胆小鬼比勇敢者感受到更多的痛苦和快乐，是吗？

卡 这是我的看法。

苏 但是可以肯定的是，聪明的和勇敢的人是好的，胆小的人和傻瓜是坏的。

卡 是的。

苏 因此，好人和坏人感受到快乐和痛苦的程度几乎完全相同。

卡 我同意。

苏 那么，好人与坏人的好坏程度几乎完全相同，或者说坏人甚至更好些？

卡 【d】宙斯在上！我不知道你是什么意思。

苏 你说好人是好的，坏人是坏的，由于好的或坏的事物在他们那里呈现，好的事物是快乐的，坏的事物是痛苦的，你不知道？

卡 不，我知道。

苏 如果感到快乐的人真的感到快乐，那么好事物，亦即快乐，在他们那里呈现，不是吗？

卡 当然。

苏 那么那些感到快乐的人，由于好事物在他们那里呈现，不是好人吗？

卡 不，是好人。

苏 那么好，坏的事物，亦即痛苦，不在那些感到痛苦的人那里呈现吗？

卡 它们呈现。

苏 【e】你确实说过，由于坏的事物的呈现，坏的人是坏的。或者你不会再这样说了？

卡 不，我会这样说。

苏 所以，所有那些感受到快乐的人是好的，所有那些感受到痛苦的人是坏的。

卡　对，是这样的。

苏　感受到快乐或痛苦越多的人就越多好或坏，感受到它们越少的人就越少好或坏，感受到它们的程度几乎相同的人就越是差不多好或坏。

卡　是的。

苏　你不是说，聪明的人和愚蠢的人、胆小的人和勇敢的人，感受到的快乐和痛苦的程度几乎是一样的，胆小的人甚至感受到更多？

卡　是的，我说过。

苏　那么，请你和我一起来看从我们一致的意见中可以添加什么推论。【499】有人说谈论和考察令人钦佩的事物"两次，甚至三次"是一件令人钦佩的事情。我们说聪明的人和勇敢的人是好的，不是吗？

卡　是的。

苏　傻瓜和胆小鬼是坏的？

卡　是的，这样说是对的。

苏　再来，感到快乐的人是好的？

卡　是的。

苏　感到痛苦的人是坏的？

卡　必定如此。

苏　好人和坏人感受到相同程度的痛苦和快乐，坏人的感受也许更加强烈。

卡　是的。

苏　这么一来，事情不就变成那个坏人既是好的又是坏的，其好坏程度和那个好人相同，甚至比好人还要好？【b】按照前面那些说法，如果一个人拥有快乐的事物就相当于他拥有好的事物，这不就可以从中推论出来了吗？事情不是必定如此吗，卡利克勒？

卡　苏格拉底，我听你讲了有一会儿了，对你的意见我也表示同意，但我认为，如果有人开玩笑似地告诉你某些观点，你都乐意像个孩子似的抓住它。所以，你真的以为我或其他人根本不相信有些快乐是比较好的，有些快乐是比较坏的。

苏　【c】噢，卡利克勒！你真是个无赖。你对待我就像对待小孩。一会儿你说事情是这样的，一会儿你说事情是那样的，所以你在欺骗我。不过，我并不认为你从一开始就想欺骗我，因为我把你当作我的朋友。然而现在我显然被误导了，我已经没得选择，只好如古谚所说"在我拥有的东西里选最好的"，接受你给我的东西。你现在的观点显然是，有些快乐是好的，有些快乐是坏的。对吗？

卡　【d】对。

苏　好的事物是有益的事物，坏的事物是有害的事物吗？

卡　是的，这样说是对的。

苏　有益的事物就是那些产生好东西的事物，坏的事物就是产生坏东西的事物吗？

卡　这是我的看法。

苏　现在，你认为快乐就是我们刚才联系身体时提到的吃喝一类事情吗？这些快乐中有一些在身体里产生健康、气力，或者其他优秀品质，这些快乐是好的，【e】而那些产生相反事物的快乐是坏的吗？

卡　对，是这样的。

苏　同理，有些痛苦是好的，有些痛苦是坏的吗？

卡　当然。

苏　那么，我们不应当选择和实施拥有好的快乐和痛苦吗？

卡　是的，我们应当。

苏　但不会对坏的快乐和痛苦这样做，对吗？

卡　显然如此。

苏　没错，如果你还记得，①波卢斯和我都认为，我们做所有事情确实应当以善为目的。我们最后认为一切行动的目的就是善，为了善的缘故我们做其他所有事情，【500】而不是为了这些事情的缘故而善，你也这样认为吗？你愿意投我们一票，使同意这种观点的人有三个吗？

————————

① 参阅本文 468b。

卡　是的，我愿意。

苏　所以我们应当做其他事情，包括那些快乐的事情，为了善的缘故，而不是为了快乐的缘故而善。

卡　是这样的。

苏　那么，每个人都能选择哪一种快乐是好的，哪一种快乐是坏的吗，或者说做这种选择在每一情况下都需要行家？

卡　需要一位行家。

苏　让我们回想一下我对波卢斯和高尔吉亚说过的话。①【b】如果你还记得，我说有某些实践关注它们自身，而不是进一步考虑快乐和只想获取快乐，有些实践对于什么是比较好的和什么是比较坏的是无知的，有其他一些实践知道什么是好的和什么是坏的。我把烤面饼的"技巧"（不是技艺）放在那些关心快乐的事情当中，而把医疗的技艺置于那些关注善的技艺当中。宙斯在上，我以这位友谊之神的名义起誓，卡利克勒，请你别想跟我开玩笑，也别用那些实际上与你的真实观点相反的看法来回答我的提问，【c】请你不要把我的观点当作开玩笑来接受！因为你明白，我们的讨论涉及我们应当以何种方式生活，哪怕是理智低下的人也会比我们更加严肃地对待。做男子汉的事情，在民众中讲话，练习演讲术，积极参加你们这些人近来从事的政治活动，这就是你敦促我，要我接受的生活方式吗？或者说是这种命耗费在哲学上的生活？后面这种生活方式与前一种生活方式有什么区别？【d】区别它们也许是最好的，如我正在尝试的那样；做完了这件事，达成了一致意见，认定这两种生活方式是不同的，然后再去考察它们之间如何不同，它们中哪一种生活方式是我们应当过的。现在，也许你还不知道我在说些什么。

卡　是的，我确实不知道。

苏　噢，我会讲得更加清楚一些。考虑到你我达成过一致意见，有一样事物作为好的，有一样事物作为快乐的，快乐与好有区别，快乐和好各有一种实践，旨在获取它们，寻求快乐的是一方，寻求好的是另一

———————

① 参阅本文 464b—465a。

方——你先表个态，同意不同意这个观点。【e】你同意吗？

卡 是的，我同意。

苏 如果你认为我当时说的对，那么你也要进一步同意我当时对他们说的话。我说过，不是吗，我不认为烤面饼是一种技艺，而是一种技巧，【501】而医疗是一种技艺。我说过，有一样东西，医疗，这种技艺既要考察它服务的对象的本性，也要考察它做的事情的原因，能够对这些分别作出合理的解释。而只关心快乐的另一样东西，它的服务是全身心投入的，以一种完全不像技艺的方式指向它的对象，根本不考察快乐的性质和快乐的原因。它这样做是极为不合理的，也完全不作什么区分。【b】它只是通过常规和技巧保存惯常发生的事情的记忆，这也是它提供快乐的方式。现在，首先请你考虑这种解释是否恰当，是否还有其他解释，然后集中精力考虑灵魂的事情。有些对灵魂的思考是有技艺顺序的，拥有先见之明，知道什么东西对灵魂最好，而其他一些思考忽略这一点，像在考察其他事物的时候一样，只考察灵魂获得快乐的方式，而不考虑哪一种快乐比较好，哪一种快乐比较坏，不关注其他事情而只关注灵魂的满足，【c】无论这些快乐是比较好的，还是比较坏的，你看呢？在我看来，卡利克勒，我认为有这样的先见，我说这类事情是奉承，既在身体这个例子中，又在灵魂这个例子中，以及在其他例子中，在其中一个人可以等待快乐而无需考虑什么比较好，什么比较坏。至于你，你愿意加入我们吗，你对这些事情持有相同的看法，还是反对这些意见？

卡 不，我不反对。我跟你一道前进，既加速你的论证，又让在这里的高尔吉亚感到满意。

苏 【d】喔，只有一个灵魂是这种情况，不涉及两个或多个灵魂吗？

卡 不，也涉及两个或多个灵魂。

苏 有可能让一群灵魂一次全都满足，而无需考虑什么是最好的吗？

卡 是的，我假定有可能。

苏　你能告诉我哪些行当是做这件事的吗？不过，要是你喜欢，还是由我来提问，你认为与此相关的你就说是，【e】你认为与此无关的你就说不是。首先让我们来看吹笛子。你不认为它是这类行当中的一种吗，卡利克勒？它只给我们提供快乐而不考虑其他事情吗？

卡　是的，我想是这样的。

苏　所有诸如此类的行当不也是这样做的吗？比如，竖琴比赛？

卡　是的。

苏　训练合唱队和创作赞美诗怎么样？你不认为它们是同一类事情吗？你认为美勒斯①之子喀涅西亚②想过要说这种事情会导向改善他的听众吗，【502】或者说他好像只考虑如何让大批观众满足？

卡　显然是后一种情况，苏格拉底，至少喀涅西亚是这样的。

苏　他的父亲美勒斯怎么样？你认为他对着竖琴歌唱的时候，在意过什么是最好的这个问题吗？或者说他连什么是最快乐的都不在意？因为他用他的歌声给他的观众带来痛苦。不过，你考虑一下，你是否认为所有对着竖琴唱歌和赞美诗的创作都不是为了快乐的缘故。

卡　不，我认为是的。

苏　【b】那种庄严的，激发敬畏的行当，悲剧的创作，怎么样？它追求的是什么？这项工作，悲剧创作的意图仅仅是为了让观众满意，如你所认为的那样，还是说它也竭力不说那些腐朽的东西，而说出或唱出那些可能令人不愉快但却是有益的台词和歌声，无论观众是否感到快乐？你认为悲剧是以这些方式中的哪一种方式创作的？

卡　【c】这很明显，苏格拉底，它更倾向于提供快乐，使观众满意。

苏　我们刚才不是把诸如此类的事情说成是奉承吗？

卡　是的，我们说过。

苏　那么好，如果从整个创作中除去旋律、节奏和韵步，结果不就只剩下话语了吗？

---

①　美勒斯（Μέλητος），人名。
②　喀涅西亚（Κινησίαν），人名。

卡　必定如此。

苏　这些话语不是说给聚集起来的民众听的吗？

卡　我同意。

苏　那么诗学是一种"取悦于大众的演说"① 吗？

卡　【d】显然如此。

苏　那么这种取悦于大众的演说就是演讲术。或者你不认为诗人在舞台上践行演讲术？

卡　不，我认为是的。

苏　所以，我们现在已经发现了一种面对大众的演讲术，是说给男人、妇女、儿童、奴隶和自由民听的。我们不太喜欢它，说它是一种奉承。

卡　是的，是这样的。

苏　很好。那些对着雅典公民和【e】其他由自由民组成的城邦里的人进行的演讲怎么样？我们对这种演讲术怎么看？你认为演说家们总是在讲话并且在意什么是最好的这个问题吗？他们总是把他们的眼光放在通过他们的言语能使公民尽可能地变好吗？或者说，他们也倾向于让公民们感到满意，由于他们自己的私人的善的缘故而轻视公共的善，他们对待民众就像对待儿童，【503】他们唯一的企图就是使民众感到满意吗？

卡　你问的问题不是一个简单的问题，因为有些人说他们这样做是由于关心公民，也有些人就像你所谈论的这个样子。

苏　你的回答相当好。如果这件事情真的有两个部分，那么有一个部分是奉承，我假定，它就是可耻的公共演说，而另一部分——让公民的灵魂尽可能地好，竭力叙说最优秀的事情，无论听众发现这种演说是更加令人愉快的，还是更加令人不愉快的——是某种令人钦佩的事情。【b】但是你从未见过演讲术的这种类型——或者说，如果你能提到任何

---

① 取悦大众的演说（δημηγορία），同源名词 δημηγορὸς 在 482 处译为"取悦大众的人"，同源动词 δημηγορειν 译为"取悦大众"。

一位这种类型的演说家，为什么不让我也知道他是谁呢？

卡　不，宙斯在上！我肯定不能向你提到任何一位我们同时代的演说家。

苏　那么好，你能提到从前那些时代的任何人，在他开始公共演讲以后，雅典人被认为变得比较好了，而他们以前是比较坏的吗？我肯定不知道这个人会是谁。

卡　【c】什么？他们没有告诉你塞米司托克勒已被证明是个好人吗，还有喀蒙①、米尔提亚得②和最近去世的伯里克利，你也曾经听过他讲话？

苏　卡利克勒，如果你前面谈论的这种德性是真的，那么可以说是这样的，你当时谈论的是欲望的满足，个人自己的欲望和其他人的欲望。如果它不是真的，而我们在后来的讨论中被迫同意的事情才是真的——应当得到满足的是那些能使人变好的欲望，【d】而不是那些能使人变坏的欲望，这是一门技艺要做的事——那么我不明白我怎么能说这些人中有哪一位已被证明是这样的人。

卡　但若你小心观察，你会发现他们是这样的人。

苏　那就让我们平静地考察一下这件事，看这些人中间是否有人已被证明是这样的人。喔，这个好人，【e】这个讲话时在意什么是最好的这一点的人，是不会随意乱说的，他总是带着某种看法，就像其他手艺人似的，每个人总是想着自己的产品，不会随意选择和使用材料，这样他才能赋予他的产品某种形状，不是吗？看一下画匠，以他为例，或者要是你喜欢，以建筑师、造船工，或者你喜欢的其他手艺人为例，【504】看他们每个人如何把他要造的东西组织起来，让这些组件相互之间契合，直到整个产品有序地制造出来。还有其他手艺人，包括我们最后提到的那些手艺人，那些关心身体的人，体育教练和医生，无疑也把秩序和组织赋予身体。情况就是这样的，我们同意还是不同意？

---

① 喀蒙（κίμων），人名。
② 米尔提亚得（Μιλτιάδης），人名。

卡　就算是吧。

苏　所以，如果一幢房子得到了组织和秩序，那么它是好房子，如果它没有被组建起来，那么它是很坏的房子？

卡　我同意。

苏　对一条船来说，这也是对的吗？

卡　【b】是的。

苏　对我们的身体来说，这肯定也是对的吗？

卡　是的，我们可以肯定。

苏　我们的灵魂怎么样？如果它没有被组织起来，它会是好的吗，或者说，如果它得到某种组织和秩序？

卡　按照我们前面所说的，我们也必须同意这一点。

苏　那些在身体中产生，作为身体有组织有秩序的结果的那些事物，我们用什么名字叫它们？

卡　你也许指的是健康和力气。

苏　【c】是的，我是这个意思。那些在灵魂中产生，作为灵魂有组织有秩序的结果的那些事物，我们叫它什么？试着发现它，把它的名字告诉我，就像在身体那个例子中一样。

卡　你自己为什么不说呢，苏格拉底？

苏　行，如果这样做能让你比较开心，我会做的。如果你认为我说得对，你就表示同意。如果你认为我说得不对，你就驳斥我，一定不要后退。我认为，用来表示身体有组织的状况的名字是"健康"，它是在身体里产生的健康和其他优点的结果。是不是这样？

卡　是这样的。

苏　【d】用来表示灵魂有组织有秩序的状况的名称是"合法"和"法律"，引导人们变得遵守法律和循规蹈矩，也就是公正和自我节制。你同意不同意？

卡　就算是吧。

苏　所以，这就是有技艺的、善良的演说家，当他把他的任何话语以及他的所有行为，他的所有馈赠或收取，应用于人们的灵魂的时候，他会注意到的事情。【e】他总是关注公正如何能够在他的同胞公民的灵魂中产生和存在，不公正如何能够被消除，自我节制如何能够产生，缺乏约束如何能够被消除，其他优点如何能够产生，邪恶如何能够离去。你同意不同意？

卡　我同意。

苏　是的，这样做有什么好处，卡利克勒，身体有病或佝偻的时候，给它提供大量令人愉快的食物、饮料和其他东西，这种时候这样做不会给它带来一丁点儿好处，或者说正好相反，公平地说，给它带来的好处比较少？是这样吗？

卡　【505】就算是吧。

苏　是的，因为我不认为人的身体处于可怕状况时这样做会有什么好处，因为这也是他的生活，他的生活一定是悲惨的。或者说，不是这样的？

卡　是这样的。

苏　喔，一个人身体健康时，医生一般都会允许他满足欲望，比如，饿的时候吃，渴的时候喝，想吃多少就吃多少，想喝多少就喝多少，而在他生病时，医生决不会允许他满足欲望，这样做不也是对的吗？至少，你也赞同吗？

卡　是的，我赞同。

苏　【b】这对灵魂来说不也是同样的吗，我杰出的朋友？只要它是腐朽的，在这种情况下它是愚蠢的，无约束的，不公正的，不虔诚的，应当克制它的欲望，不允许它做任何事情，除了能使它变得比较好的事情。你同不同意？

卡　我同意。

苏　因为这样做无疑对灵魂来说比较好？

卡　对，是这样的。

苏　让它远离欲望不就是管束它吗？

卡　是的。

苏　所以灵魂受约束比缺乏约束要好，这就是你自己刚才想到的。

卡　【c】我根本不知道你是什么意思，苏格拉底。你问别人好了。

苏　这个家伙不愿意从这场讨论涉及的每一件事情中受益，不愿意受到约束。

卡　我也没有忽视你说的每一件事。我给你这些回答只是为了高尔吉亚的缘故。

苏　很好。我们现在该怎么办？让我们的讨论半途而废吗？

卡　你自己决定好了。

苏　有人说，故事讲到一半就不说了是不允许的。【d】我们必须给它安个尾巴，别让它成为没尾巴的东西。请你回答剩余的问题，让我们的讨论有个结尾。

卡　你真是纠缠不休，苏格拉底！如果你想听我说话，那就放弃这场讨论，或者跟其他人去完成这场讨论。

苏　其他还有谁愿意呢？我们一定不能让这场讨论不完整。

卡　你自己就不能完成讨论吗，要么自说自话，要么自问自答？

苏　【e】如果这样的话，厄庇卡尔谟①的一句话在我头上应验了：我证明自己是自足的，"一个人要说两个人前面说过的话"。但是看起来我好像根本没得选。让我们就这么办吧。我假定，我们全都急于知道我们正在讨论的事情是对还是错。搞清楚这一点对大家都有好处。所以，我会检讨这场讨论，【506】说出我对这场讨论的看法，如果你们中间有人不认同我的看法，一定要反对我，驳斥我。因为我在说这些事情的时候肯定没有任何知识；是的，我在和你们一起探讨，所以我的对手要是有了清晰的看法，我第一个会接受。不过，我这样说是基于你们认为这场讨论应当进行到底。如果你们不想这样做，我们现在就停止，各自回家。

高　【b】不，苏格拉底，我不认为我们现在就要离开。你必须完成这场讨论。在我看来，其他人也是这样想的。我本人肯定想要听你依靠自己完成讨论的剩余部分。

---

①　厄庇卡尔谟（Ἐπίχαρμος），公元前530—前440年，喜剧诗人，引文出处不详。

苏　行，高尔吉亚。我本人喜欢和卡利克勒一起继续讨论，直到我把他送给我的安菲翁对泽苏斯说的话①归还给他。喔，卡利克勒，由于你不愿意和我一道把这场讨论进行到底，那就请你听我讲，【c】如果你认为我讲错了，可以打断我。如果你对我进行驳斥，我不会像你一样由于受到驳斥而感到恼火，而会继续把你当作我最大的恩人记录在案。

卡　说吧，我的好朋友，你自己去完成这场讨论。

苏　那么好，听着，我要从头开始讲一下这场讨论。令人快乐的事物和好的事物是一回事吗？——卡利克勒和我同意，它们不是一回事。——做令人快乐的事情是为了好事物的缘故，还是做好事情是为了令人快乐的事物的缘故？——做令人快乐的事情是为了好事物的缘故。——【d】所谓令人快乐，就是快乐在我们身上呈现的时候，我们感到快乐，所谓好，就是好在我们身上呈现的时候，我们是好的，是吗？——没错。——但是，我们，以及其他一切好的事物，当某些优点在我们身上呈现的时候，我们肯定是好的吗？——是的，我认为必然如此，卡利克勒。但是，每一事物的优点呈现的最佳方式，无论是器皿、身体、灵魂，还是任何动物，不只是一些老方式，而要归于各种组织、正当和它们各自天生所获得的技艺。【e】是吗？——是的，我同意。——所以，由于它们的组织，每样事物的优点是有组织的，有秩序的吗？——是的，我会说是这样的。——所以，当某种秩序，对每一事物来说恰当的秩序，在每一事物中产生的时候，使存在的每一事物都成为好的，是吗？——是的，我认为是这样的。——但是，有秩序的事物肯定是有序的，是吗？——当然。——【507】一个有序的灵魂是自我节制的吗？——绝对是。——所以，自我节制的灵魂是好的灵魂。对此我个人说不出什么来了，我的朋友卡利克勒；如果你能说出什么来，请你教我。

卡　你就说吧，我的大好人。

苏　我说，如果自我节制的灵魂是好的灵魂，那么受到与自我节制

---

① 参阅本文 485e。

相反的方式影响的灵魂是坏的灵魂。于是，它就变成愚蠢的和不受约束的灵魂。——对。——自我节制的人肯定会去做那些对诸神和凡人适宜的事情。因为他要是做了不适宜的事情，【b】他就不是自我节制的了。——必定如此。——当然了，如果他做了对凡人适宜的事情，他也会做公正的事情，而对诸神，他会做虔敬的事情，一个做公正的事和虔敬的事的人必定是公正的和虔敬的。——是这样的。——是的，他也必定会是勇敢的，因为一个自我节制的人不会追求或回避不适宜的事物，而会回避或追求他应当回避或追求的事物，无论这些事物是要做的事情，还是人，或者是快乐或痛苦，他坚定不移，在应当忍受的地方忍受它们。【c】所以，这种情况必定是这样的，卡利克勒，自我节制的人，由于他是公正的、勇敢的、虔敬的，如我们说过的那样，所以他是一个全善的人，好人会做好事，他所做的一切都令人敬佩，做好事的人是有福的，是幸福的，而腐败的人，那个做坏事的人，是可悲的。这个人所处的状况与自我节制的人相反，这个人就是你赞扬的不受约束的人。

这就是我对这个问题的处理，我说它是对的。如果它是对的，那么一个想要幸福的人显然必须追求和实践自我节制。【d】我们中的每个人必须尽快逃离不受约束的状况，跑得越快越好，他尤其要弄清是否有受约束这种需要，如果确实有这种需要，那么他本人，或他家里的任何人，个别的公民或者整个城邦，必须付出代价，受到约束，只要他还想幸福。我认为，这个目标是一个人在生活中要加以寻求的，在行动中，他应当把他自己的事务和城邦的事务全部指向这个目标，【e】让公正和自我控制在这个有福的人身上呈现。他不会允许他的欲望不受约束，或者努力去满足他的欲望——这是一种没完没了的恶——过一种掠夺者的生活。这样的人不会与其他人亲近，也不会与神亲近，因为他不会是一名合作者，而没有合作就没有友谊。是的，卡利克勒，有聪明人说过，【508】合作、友谊、秩序、自制和公正把天地聚合在一起，把众神和凡人联系在一起，这就是他们把这个宇宙称作"世界秩序"的原因，我的朋友，而不是不受约束的"世界混乱"。我相信，你没有注意这些事实，尽管你在这些事情上是一个聪明人。你没有注意到有比例的平等在众神和凡人中间都有很大的力量，而你假定你要去获取一份更大的利益。这是因为你轻视几何学。

【b】好吧。我们要么驳斥这个论证，说明使幸福者幸福不是通过公正和自我节制，使可悲者可悲不是通过恶，要么说，如果我的论证是对的，我们必须考虑会有什么样的后果。这些后果全都是前面提到过的，卡利克勒，你当时问我讲这些话是否认真，我说如果有人做了什么不公正的事，他应当是他自己的控告者，或者是他的儿子或朋友的控告者，他应当把演讲术用于这个目的。还有，你当时认为波卢斯由于害臊而承认的东西实际上是对的，【c】做不公正的事情比承受不公正的事情更糟糕，更可耻，演说家的正确方式应当是公正和知道什么是公正，波卢斯在发言的时候声称高尔吉亚由于害臊才同意这个观点。

事情就是这样，现在让我们来考察你对我的责疑，看它对还是不对。你说我不能保护自己，也不能保护我的朋友和亲属，不能把他们从巨大的危险中解救出来，只能乞求先到者的怜悯，就像那些没有权利的人，【d】无论他想要打我的耳光，用你蛮横的表达法，或者剥夺我的财产，或者把我赶出城邦，或者最后把我处死。按照你的推理，处于这种境地是世上最可耻的事情。我自己的推论已经说了很多遍，但是再说一遍亦无妨。卡利克勒，我否定被人不公正地打耳光是最可耻的事，【e】我的身体挨打或者我的钱包被抢也不是最可耻的事情，我肯定不公正地打我或者抢走我的东西更加可耻，更加糟糕，与此同时，抢劫或奴役我，或者闯进我家，总而言之，对我和我的财产采取种种不公正行动的人比我这个承受这些行为的人更糟糕，更可耻。我们在前面讨论中得出过这些结论，我要说，它们通过钢铁和钻石般的论证确立和结合在一起，哪怕这样说相当粗鲁。【509】所以，无论如何，它似乎是这样的。如果你或某个比你更加有力的人不想摧毁这些结论，那么任何谈论我现在说的这些事情以外的其他事情的人不会说得更好。至于我，我的解释始终如一，我不知道这些事情怎么是这样的，但我碰到的人没有一个，就像在这件事情上一样，其他还能说些什么而不荒唐可笑的。【b】所以我再次确信，这些事情就是这样的。如果它们是这样的——如果不公正对犯下不公正的人来说是最糟糕的事情，如果一个人没有付出应付的代价更加糟糕，如果可能的话，比那个最糟糕的人还要糟糕——那么，能使一个不能为自己提供保护的人不变得真正可笑的保护是什么？不就是那样会尽力伤害我们的东西吗？是的，情况必定如此，这是一种最可耻的保护，既不能提供给自己，也不能提供给朋友和亲属。【c】第二种保护驱赶第二糟糕的事情，第三种保护驱赶第三可耻的事情，以此类推。依其本性，每一样坏事物都是比较大的，能够提供保护，防止受它伤害的那些事物都是更加令人钦佩的，而不能这样做是更加可耻的。事情就是这样的吗，卡利克勒，或者说是其他样子的？

卡　是的，不是其他样子的。

苏　那么，在做不公正的事情和承受不公正的事情这两件事中，我们说做不公正的事情更糟糕，承受不公正的事情不那么坏。那么，【d】一个人凭什么能够为自己提供保护，以便得到两方面的好处，一方面来自不做不公正的事情，另一方面来自不承受不公正的事情？是力量还是希望？我的意思是：当一个人不希望承受不公正的时候，他会避免承受它，或者说，当他获得力量的时候，他会避免承受不公正？

卡　当他获取力量的时候。至少，这一点很明显。

苏　做不公正的事情怎么样？当一个人不希望做不公正的事情时，【e】这是否就足够了——因为他不愿做——或者说他也要为此获得一种力量和技艺，所以除非他学习和实践这种技艺，否则就会陷入不公正？你为什么不回答，卡利克勒？至少你要回答这个问题：波卢斯和我在我们前面的讨论中被迫表示同意，无人因为想做不公正的事情而去做不公正的事情，所有人做不公正的事情都是不自愿的，① 你认为我们这样做是对还是错？

卡　【510】就算对吧，苏格拉底，这样你可以完成这个论证。

苏　所以我们显然应当获得某种力量和技艺来对抗这一点，这样的话，我们就不会做不公正的事情了。

---

① 参阅本文 467c—468e。

卡 对。

苏 那么这种能确保我们不承受不公正，或者尽可能少承受不公正的技艺是什么呢？考虑一下你想到的技艺是不是我想到的技艺。我想到的是：一个人要么自己就是他的城邦里的统治者，甚至是一名僭主，或者是掌权的那个集团的成员。

卡 看见了吗，苏格拉底，【b】只要你说出任何正确的事情，我都已经准备好为你鼓掌？我认为你的这段话说到点子上了。

苏 喔，考虑一下我下面的话是否也说得不错。我认为，作为某人朋友的这个人尤其是老人和聪明人称之为朋友的人，他是喜欢另一个人的人。你不是也这样认为吗？

卡 是的，我也这样认为。

苏 那么，在僭主这个例子中，僭主是野蛮的、无教养的统治者，在他的城邦里有人比他要好得多，这个僭主无疑害怕他，【c】决不会全心全意地成为他的朋友。

卡 是这样的。

苏 比这个僭主还要低劣得多的人也不会成为僭主的真正朋友，因为这个僭主会藐视他，决不会一本正经地把他当作朋友。

卡 这样说也对。

苏 只剩一个人与僭主拥有相同的秉性，他的好恶都与僭主相同，愿意被统治，做顺民，这样的人才值得一提。【d】这个人会在城邦里掌握大权，没有人能伤害他而不受惩罚。不是这样吗？

卡 是这样的。

苏 所以，如果在那个城邦里有某个年轻人在想，"我用什么办法能够掌握大权，使得无人能够不公正地对待我？"那么，这显然就是他要走的道路：从小养成习惯，像他的主人一样去喜欢和厌恶，确保尽可能像主人一样。不是这样吗？

卡 是这样的。

苏 按照你们这些人的说法，【e】这样一来，这个人在城邦里就会避免不公正的对待，并能获取大权吗？

卡　哦，是的。

苏　也会免除不公正的行动吗？或者说完全不是这么回事，因为他会像那个不公正的统治者，会站在统治者身旁获得大权，是吗？在我看来，情况正好相反，以这种方式他肯定会具备这种能力，尽可能多地做不公正的事情，逃避因这样的行为需要付出的代价。对吗？

卡　显然如此。

苏　【511】所以，当他的灵魂变得腐朽，由于模仿他的主人而堕落，由于他的权力而变得残缺的时候，他会惹来最糟糕的事情。

卡　我不知道你怎么能够不断地朝着各个方向歪曲我们的讨论，苏格拉底。或者说，你不知道这位"模仿者"要是喜欢，会处死你的"非模仿者"，剥夺他的财产？

苏　【b】我不知道，卡利克勒。我不是聋子。我听你说过，也听波卢斯说过很多遍，城里头其他人也这样讲。但你现在也要听我说。我要说的是，是的，他会杀了他，如果他喜欢，但这是一个邪恶的人杀了一个令人敬佩的人，一个好人。

卡　这不正是最恼火的事情吗？

苏　对，然而对一个有理智的人来说并非如此，如我们的讨论所指出的那样。或者说你认为一个人应当尽可能长时间地去实践这些能把我们从危难中解救出来的技艺吗，【c】就像你告诉我要实践的演讲术，在法庭上能保全我们的性命？

卡　是的，宙斯在上，这是给你的一项很好的建议！

苏　好，我杰出的伙伴，你认为游泳的技能非常宏伟吗？

卡　不，宙斯在上，我不这么看。

苏　但是，当人们陷入需要这种技能的险境时，它肯定也能把人从死亡中拯救出来。【d】如果你认为这种技能无足轻重，我可以告诉你一种比它更加重要的技艺，船老大的技艺，它像演讲术一样，不仅能从巨大的危险中拯救我们的灵魂，而且能拯救我们的身体和财产。这种技艺是真实的，有序的，它不会摆出一副伟大的姿态，尽管它的成就是如此宏伟。然而，尽管它的成就与那种在法庭上实施的技艺的成就相同，但它只挣了两个奥波尔①，我想，如果它把人平安地从伊齐那②送到这里；【e】如果把我刚才提到的这些人从埃及或本都③送到这里，这项服务可就大了，那个乘客，他的子女，财物，女人，把他们送到目的地，在港口靠码头下船，它只挣了两个德拉克玛④，如果有那么多的话。拥有这种技艺和完成这些业绩的人，也会十分谦恭地下船，在船边侍候。我想，他完全是一名行家，可以推断不让他的哪一名乘客在深海里淹死，至于他可以伤害哪一名乘客，由此他自己可以从中得益，是不清楚的，【512】他知道送他们下船的时候，他们的身体和灵魂没有比他们上船的时候更好。所以他推断，如果一个人染上无法治愈的重病而不淹死，那么这个人是可悲的，因为他不死，从他那里得不到什么好处。如果一个人在比他的身体宝贵得多的地方，在他的灵魂中，染上许多难以治愈的疾病，那么这个人的生命活得毫无价值，如果他把这个人从海里，从监狱里，或从其他任何地方救出来，不会给他带来任何好处。【b】他知道，一个腐败的人最好还是别活着，因为这个人必定会邪恶地生活。

　　这就是尽管船老大救了我们的命，也不习惯表白自己的原因，建造城墙的工程师也不会这样做，他在保全我们的身体方面，有时候不亚于一名将军或其他人，更不必提船老大了。因为他有时候保全了整座城市。你不会认为他也是鼓动家一类的吧，会吗？然而，【c】如果他也像你们这些人一样讲话，卡利克勒，荣耀他的职业，他会用言语使你窒息，紧急地告诉你，人应当成为工程师，因为其他所有职业都无法与之相比。这些话会表达他的观点。但是你无论如何会藐视他和他的技艺，你会称他为"工程师"，把这个词当作贬义词来使用。你既不愿意把自己的女儿嫁给他的儿子，也不会娶他的女儿。但是，想一下你赞扬自己

---

① 奥波尔（ὀβολός），希腊硬币名。1 德拉克玛合 6 奥波尔。

② 伊齐那（Αἰγίνη），地名。

③ 本都（Πόντος），地名，位于黑海南岸，古代有本都国。

④ 德拉克玛（δραχμή），希腊货币名。公元前 409—前 406 年，一个劳工的日标准工资是 1 德拉克玛。

的活动的那些理由，【d】你藐视工程师和我刚才提到的其他人的理由有什么公正可言呢？我知道你会说自己是一个比较好的人，来自比较好的家庭。但是你说的"比较好"和我说的意思不一样，你说的比较好只意味着保全自己的性命和财产，而不管你正好是什么样的人，有什么样的长处，所以你对工程师、医生，以及其他为保全我们而发明的技艺的指责已被证明是滑稽可笑的。但是，我的有福之人，请你看一下，高尚的事情与好的事情是不是保全和被保全以外的事情。【e】一个真正的人也许应当停止考虑自己能活多久的问题。他不应当迷恋今生，而应当把这些考虑交给神，宁可相信那位村妇说的话，无人能够逃脱他的命运。因此，他应当考虑在他还尽可能好的时候如何才能平静地过完他的余生。【513】通过变得像那个他生活于其下的政权吗？如果是这种情况，你现在就应该使你本人尽可能地像雅典人，要是你自己期待与雅典人亲近，在这座城邦里拥有大权。请你看一下这样做对你我是否有益，我的朋友，这样的话，他们所说的在帖撒利①的女巫们身上发生的事才不会在我们身上发生，她们想把月亮从天上拉下来②。我们对这种公民权力的选择会耗费我们最宝贵的东西。如果你认为，当你还不像这个政权的时候，【b】某个人或其他人会交给你这种技艺，使你能用它在这座城邦里获得大权，无论你是为了变得较好还是为了变得较坏，那么在我看来，卡利克勒，你得到的不是一项好建议。如果你期待产生任何真正的结果，赢得雅典各个德莫的居民的友谊，哦，对了，宙斯在上，以及皮里兰佩之子德摩斯③的友谊，你一定不要成为他们的模仿者，而要以你自己这个人天然地和他们相似。无论谁使你变得与这些人极为相似，他都会以你最想要的方式使你成为政治家，【c】也成为演说家。因为每个群体的人都喜欢带有自己特点的话语，厌恶那些外邦人的腔调——除非你还有其他什么话要说，我亲爱的朋友。要对这一点作答，我们还能说些

---

① 帖撒利（Θετταλία），地名。

② 指引发月食。

③ 德摩斯（δήμους），人名。参阅本文 481d。

什么吗，卡利克勒？

卡　我不知道，苏格拉底——你说的好像有点对，但是大多数人会发生的事情也会在我身上发生，我没有被你真的说服。

苏　卡利克勒，这是由于你对民众的热爱存在于你的灵魂中，对我进行抗拒。但若我们以一种比较好的方式经常细致地考察这些事情，【d】你会被说服的。请你回忆一下，我们说过有两种实践关心一个具体的事物，无论它是身体还是灵魂。① 两个事物中的一个涉及快乐，另一个涉及什么是最好的，我们不是要去满足它，而是要对抗它。这不就是我们当时对它们的区分吗？

卡　是的，没错。

苏　现在，它们中的一个，涉及快乐的那一个，是卑贱的，它实际上什么都不是，只是奉承，对吗？

卡　【e】就算是吧，如果你喜欢。

苏　而另一个，旨在使我们关心的事物，无论是身体还是灵魂，尽可能地好，它是比较高尚的吗？

卡　是的，是这样的。

苏　那么，难道我们不应该试图关心这座城邦和它的公民，旨在使这些公民本身尽可能地好吗？我们在前面已经发现，如果缺乏这一点，如果他们的意愿像是挣大钱，谋取一个位置统治民众，【514】或者谋取其他有权力的位置，但这个位置不是令人钦佩的和好的，那么他们无论提供多少其他服务都没有好处。我们要把这个观点当作真的吗？

卡　当然，如果这能使你更加高兴。

苏　那么，卡利克勒，假定你和我要处理一些城邦的公共事务，我们各自要负责一些公共建筑——建设的主要工程有：城墙、船坞、神庙——【b】我们必须仔细考察我们自己，首先看我们是不是建筑方面的专家，我们向谁学过这门技艺？我们必须这样做，还是一定不会这样做？

---

① 参阅本文 500b。

卡　是的，我们一定会这样做。

苏　嗯，其次，我们必须检查，不是吗，我们是否在私人事务中做过这种事情，比如说，为我们的朋友造过房子，或者为我们自己造过房子，无论这幢建筑是令人钦佩的还是丑陋的。如果我们在考察中发现我们的老师已经被证明是优秀的，【c】有名望的，我们在他们的指导下进行的建筑是大量的和令人钦佩的，那些在我们离开我们的老师以后由我们独立建设的建筑物也是大量的，那么，如果是这种情况，我们开始从事公共建筑是明智的。但若我们既不能指出老师，又不能指出我们建造的建筑物，要么是根本没有，要么是许多毫无价值的建筑物，那么要从事公共建筑和召集人们去从事公共建筑肯定是愚蠢的。【d】我们要说这种观点是对的，还是不对的？

卡　对，我们会这么说。

苏　在所有情况下不都是这样吗，尤其是如果我们试图从事公共事务，相互邀约，以为我们是能干的医生？无疑，我会考察你，你也会考察我："好吧，众神在上，苏格拉底自己的身体健康状况怎么样？有其他什么人，奴隶也好，自由民也罢，由于苏格拉底而从病中康复吗？"我想，我也会对你提出相同的问题。【e】如果我们找不到任何人，无论是外邦来的访客还是本镇的居民，无论是男人还是女人，他们的身体得到改善的原因是由于我们，那么宙斯在上，卡利克勒，在私人活动中产生许多一般的或成功的结果之前，在对这门技艺有过足够的练习之前，他们应当试一下"从做一口大缸开始学习陶艺"，如那句谚语所说，然后再去亲身参与公共实践，也召集其他人像他们这样做，民众若是愚蠢到这种地步岂不是真的非常可笑吗？你难道不认为像这样的开始是愚蠢的吗？

卡　是的，我认为是愚蠢的。

苏　【515】现在，我最杰出的伙伴，由于你本人正好刚开始从事城邦事务，你邀请我，并且责备我不这样做，我们难道不需要相互考察吗？"嗯，卡利克勒曾经使哪位公民有过改进吗？有哪个从前是邪恶的、不公正的、不受约束的、愚蠢的人，无论是外邦来的访客还是本镇的居民，是奴隶还是自由民，由于卡利克勒，现在变得令人敬佩的和好的吗？"告诉我，卡利克勒，【b】如果有人向你提出这些问题，你会怎么说？你能说出有谁通过和你的联系变得比较好吗？你想在这些问题面前退缩吗——哪怕你在试图从事公共事务之前的私人活动中产生过什么积极的成果？

卡　你喜欢赢，苏格拉底。

苏　我不是为了喜欢赢才向你提问的。倒不如说，我真的想要知道这种方式，无论它是什么，【c】你假定城邦事务应当以这种方式在我们中间进行。现在你已经进入到这个城邦的事务，我们可以得出结论，除了我们这些公民应当尽可能地好，你还献身于其他某个目标，是吗？我们不是已经多次同意，这是一个在政治领域活动的人要做的事情吗？我们已经同意，还是没有同意？请回答。是的，我们已经同意。（让我来替你回答。）所以，如果这是一个好人应当为他自己的城邦弄清楚的事情，那就回想一下你在前面提到过的那些人，【d】告诉我你是否还认为伯里克利、喀蒙、米尔提亚得和塞米司托克勒已经被证明是好公民。

卡　是的，我仍旧这样看。

苏　所以，如果他们是好公民，那么他们每个人显然都在使公民变得比他们以前更好。是，还是不是？

卡　是。

苏　所以，当伯里克利第一次开始在民众中演讲的时候，雅典人比他最后作那些演讲的时候还要糟糕吗？

卡　也许是的。

苏　没有什么"也许"，我的好人。从我们已经同意的那些观点中必定推论出这一点，如果他真的是个好公民。

卡　【e】那又怎样？

苏　不怎么样。但是请你也告诉我这一点。由于伯里克利，雅典人变得比较好了，还是正好相反，他们被伯里克利腐蚀了？不管怎样，这是我听说的，伯里克利使雅典人变得愚蠢和胆怯，变成夸夸其谈的人和斤斤计较的人，因为他第一个给公民发工资。

卡　你听到说这种话的人的耳朵被打开花了，苏格拉底。

苏　哦，这种事情我不是刚听到。我知道得不太清楚，你也一样，伯里克利最初享有很好的名望，当雅典人很坏的时候，他们从来不用任何可耻的罪名控告他。但是后来，他使他们转变为"令人钦佩的和好的"民众，【516】到了他的晚年，他们指控他盗用公款，到最后要判他死刑，显然由于他们认为他是个恶人。

卡　是吗？这样做使伯里克利成了恶人了吗？

苏　一个照料驴、马、牛的人至少看起来像是个坏人，如果他踢、抵、咬这些畜生，由于它们野性大发，而当他驯服了这些畜生以后，这些畜生却不会对他这样做。【b】或者说，你不认为这个照料牲口的人是个坏人，当这些牲口被驯服，变得比较温和的时候，他会比这些牲口更狂野？你认为是这样的，还是不是这样的？

卡　噢，是这样的，这样说我可以让你满意。

苏　要让我满意，你还得继续回答我的提问。人也是一种动物吗？

卡　当然是。

苏　伯里克利不就是人的照管者吗？

卡　是的。

苏　是吗？那么按照我们刚才同意的观点，如果他照管他们，【c】如果他真的擅长政治，他不会把他们从比较不公正变成比较公正吗？

卡　不，他会这样做。

苏　如荷马所说，公正者是温和的①。你会怎么说？你会说同样的话吗？

卡　是的。

苏　但是伯里克利对他们肯定比他们驯服以前更加野蛮，他们对他也一样，而伯里克利一点儿也不希望这种事情发生。

卡　你要我同意你的看法吗？

苏　是的，如果你认为我说得对。

卡　那就算同意吧。

---

① 荷马史诗中的表达是"野蛮而非公正的"，参阅《奥德赛》6：120，9：175，13：201。

苏　如果更加野蛮，那么也就是更加不公正和更加坏，是吗？

卡　【d】就算是吧。

苏　所以按照这样的推论，伯里克利并不擅长政治。

卡　至少，你否认他擅长。

苏　宙斯在上，你刚才表示了同意，所以你也否认了。现在让我们来谈喀蒙。告诉我：那些被他服务过的人不是用陶片投票把他放逐，使人们十年都不能听到他的声音吗？他们不是对塞米司托克勒做了同样的事情，用流放来惩罚他吗？他们不是投票处死享有马拉松战役名望的米尔提亚得，【e】要不是由于议事会主席① 反对，他已经被扔进深坑了吗？然而，这些事情不会发生在这些人身上，如果他们是好人，如你所说他们是好人。至少不会像那些好驭手，他们起初不会摔下马车，但在他们驯好了马匹，自己也成为比较好的驭手以后，他们真的会摔下马车。这种情况不会在驾驶马车或其他工作中发生。或者说你认为会发生？

卡　不，我认为会发生。

苏　【517】如此看来，我们前面的说法似乎是对的，我们不知道在这个城邦有谁已经被证明擅长政治。你同意我们现在还活着的人中间一个也没有，尽管你说过去曾经有过，并且以这些人为例。但是我们已经证明他们和现在还活着的人是一样的。结果就是，如果这些人是演说家，他们实践的既不是真正的演讲术——如果是这样的话，他们就不会被放逐了——又不是奉承的演讲术。

卡　但是，苏格拉底，我们这个时代的任何人所取得的成就肯定远远超过【b】你说的这些人的成就。

苏　不，我奇怪的朋友，我不是在批评这些人，就他们是城邦的公仆而言。倒不如说，我认为他们已被证明是比现在这些人更好的公仆，就其满足城邦的欲望而言他们更加能干。事情的真相是，在重新引导城邦的欲望，而不是与这些欲望妥协，使用说服或约束使公民们变得更好

---

①　议事会主席（πρύτανις），议事会轮置部落的成员，每天抽签选出，主持议事会和公民大会。

这些方面，【c】他们与我们的同时代人真的没有很大差别。这也是一个好公民的任务。是的，我也同意你的意见，在提供战船、城墙、船坞以及其他许多同类事情上比我们现在的领导人更能干。

现在，你和我在我们的谈话中正在做一件奇怪的事情。我们一直在讨论，我们也不断地向后退，回到同一个地方，都不承认对方的观点。对我来说，我相信你已经多次同意并承认，我们的这个主题有两个部分，【d】既涉及身体又涉及灵魂。它的一个部分是服务性的，我们的身体饿了或渴了，它能够给我们提供食物和饮水，我们的身体冷了，它能够给我们提供衣服、被褥、鞋子，以及我们的身体有需求的其他东西。在对你说话的时候，我故意使用相同的例子，让你更容易理解。我想你是同意的，这些就是店主、进口商或生产者能够提供的东西，【e】生产这些东西的有烤面包的、做点心的、纺织工、鞋匠、制革匠，所以一点儿也不奇怪，这些人会认为自己是看管身体的人，其他人也会这么看——每一个不知道在这些实践活动之上还有一类技艺的人都会这样看，这类技艺就是体育和医学，它们才是身体的真正看管者，应当由它们来恰当地控制所有这些技艺和使用它们的产品，因为只有它们才拥有什么样的饮食对身体健康来说是好的这种知识，【518】而其他技艺是缺乏这种知识的。由于这个原因，其他技艺对身体来说是奴仆和佣人，是无教养的，而体育和医学是它们合法的女主人。嗯，我说的这些事情对灵魂来说也是对的，我想你有时候明白我的意思，对我的看法表示同意。但是过了一会儿，【b】你又开始说在我们城邦里有过一些人已经被证明是令人敬佩的好的公民，当我问他们是谁的时候，你似乎对我提出一些政治领域里的人，很像如果我问你"谁被证明或者是一个身体的好的看管者"的时候，你会提出来的人，你十分严肃地回答说，"面包师塞亚里翁①，撰写论西西里②的烤面饼的书的米赛库斯③，店主萨拉姆布

---

① 塞亚里翁（Θεαρίων），人名。

② 西西里（Σικελία），地名。

③ 米赛库斯（Μίθαικος），人名。

斯①，因为这些人已经被证明是极好的身体的看管者，第一位提供了极好的面包，第二位提供了面饼，【c】第三位提供了葡萄酒。"

如果我对你说，"喂，你对体育一无所知"，你也许会十分恼火。你对我提到的这些人是仆人，欲望的满足者！在这些事例中他们根本不懂什么是令人钦佩的和好的。他们喂饱和养肥人们的身体，如果他们有机会，他们也会毁掉人们原先的肌肉，而他们全都受到人们的赞扬！后者由于缺乏经验，【d】会因为生病和失去肌肉而提出指责，不是对那些让他们整天去参加宴会的人，而是对任何正好与他们在一起向他们提建议的人。是的，如果前面那些东西给人带来疾病，而这些东西已被证明是不健康的，他们就会指责那些人，说那些人对他们做了坏事，而对前面那些人，【e】那些对他们的疾病负有责任的人，他们却大加赞扬。你现在干的事情也很像我刚才说的这样，卡利克勒。你赞扬那些设宴向我们的公民提供他们所希望吃到的各种美味佳肴的人。人们说这些人使我们的城邦伟大！【519】但是由于早先那些领导人，这个城邦腐败和溃烂了，这一点他们根本没有注意到。因为他们用港口、船坞、城墙、税收以及类似的垃圾来喂养我们的城邦，但在这样做的时候缺乏公正和自我节制。所以，当相应的疾病出现的时候，他们就指责向他们提建议的人，并且赞扬塞米司托克勒、喀蒙和伯里克利，而这些人才是要对他们的疾病负责的人。要是你不小心，他们也许会对你我的朋友阿尔基比亚德下手，【b】当他们不仅失去获得的东西，而且失去他们原本拥有的东西时，尽管你对他们的疾病不需要负责，但你可能加重他们的疾病。

然而，有一件愚蠢的事情，我本人既看到它发生，又听说它与我们早先的领导人有关。因为我注意到，无论什么时候城邦对它的某个政治家下手，因为他做了不公正的事情，他们都会生气，愤怒地抱怨说他们承受了可怕的事情。他们为这个城邦做了许多好事，所以这些人遭到毁灭是不公正的，【c】他们的论证就这样继续下去。但这种论证是完全虚假的。没有一个城邦领导人会被他领导的这个城邦毁灭。那些职业的政

---

① 萨拉姆布斯 (Σάραμβος)，人名。

治家的情况倒像那些职业的智者。因为智者也一样，尽管他们在其他事情上是聪明的，但会做这种荒唐的事情：智者声称是传授美德的教师，但他们不断地指责他们的学生对他们不好，不交学费，对所受到的恩惠一点儿都不感恩，尽管得到了老师很好的服务。然而，还有什么比这样说更不合理吗，【d】这些人已经变好了，变得公正了，他们的不公正被他们的老师消除了，他们已经获得了公正，但他们却会伤害老师——他们会做这样的事情吗？你不认为这样说很荒唐吗，我的朋友？你已经使我发表了一篇真正面对民众的演说，卡利克勒，因为你不愿意回答我的问题。

卡　没人回答你的问题，你就不能说话吗？

苏　【e】我显然能说话。但我的讲话变得冗长了，因为你不愿意回答我。但是，我的大好人，友谊之神在上，告诉我：有人说他已经使某人变好了，这个人会挑他的毛病，指责那个使他好的人是非常邪恶的，你认为这样说合理吗？

卡　不合理，我也这样认为。

苏　你没听那些自称教民众美德的人说过这样的话吗？

卡　【520】不，我听说过。但是你为什么要提到那些完全毫无价值的人？

苏　你为什么要谈论那些人，尽管他们自称是这个城邦的领导人，全心全意使城邦尽可能地好，但是后来又转过来指责它是最邪恶的？你认为他们和其他人有什么不同吗？是的，我的有福之人，智者和演说家是一种人，是同样的人，或者说几乎完全相同，这是我对波卢斯说的。但由于你没有看到这一点，【b】你假定两种技艺中的一种，演讲术，是神奇的，而你嘲笑另一种技艺。然而，智术实际上比演讲术更令人敬佩，就像立法比公正的管理更令人敬佩，体育比医学更令人敬佩。而我自己一个人会假定，公共的演说家和智者是仅有的不适宜去批评那些接受了他们的教育而又对他们做坏事的人，否则他们说的话会同时又是对他们自己的谴责，因为按照同样的论证，他们完全没有给那些人带来什么好处，而他们声称使之受益了。难道不是这样吗？

卡　【c】不，是这样的。

苏　如果我说得对，那么无疑只有他们处在提供荣耀的位置上——不收费，好像是合理的。某个人得到了另外一项好处，举例来说，他接受了体育教练的指导，走得比以前快了，如果教练向他提供另一项好处，使他得到荣耀，【d】而不是同意在他教会学生快走的时候就尽快收取确定的费用。因为我不假定人们会由于走得慢而采取不公正的行动，而是由于不公正人们会采取不公正的行动。对吗？

卡　对。

苏　所以，如果某人消除了这样东西，不公正，他不会害怕受到不公正的对待。因为只有他在提供荣耀这种好处时是安全的，如果某人真的能使人成为好的。不是这样吗？

卡　我同意这种说法。

苏　那么，这就是在其他事情上提建议而收费不可耻的原因，比如造房子或其他技艺。

卡　【e】是的，显然如此。

苏　但是这种活动，关心的是一个人如何能尽可能地好，如何以最好的方式管理他自己的家庭或城邦，如果拒绝提供相关的建议，除非某人付钱给你，那是相当可耻的。对吗？

卡　对。

苏　之所以如此，原因是清楚的，事实上，在所有好处中，只有这种好处会使获得好处的人产生做好事来回报的愿望，所以我们认为这是一个提供这种好处的人的好兆头，他会得到回报，获得好处的人会为他做好事，但若他不提供这种好处，这就不是一个好兆头了。事情是这样的吗？

卡　【521】是这样的。

苏　现在，请你为我准确地描述一下关心城邦的类型，这是你要我做的事。是努力奋斗，像一名医生那样，使雅典人尽可能的好，还是做好为他们服务的准备，与他们交往，尽可能使他们满足？对我说真话，卡利克勒。就像你一开始就十分坦率地讲话，你应当继续说出你心里的想法才是好的。现在就说吧，好好地说，体面地说。

卡　要我说的话，好像是做好为他们服务的准备。

苏　【b】所以，最高贵的人，你要我做好奉承的准备。

卡　是的，如果你发现不矫揉造作更愉快，苏格拉底。因为，如果你不做这种事——

苏　我希望你不要重复已经说过许多遍的话，任何想要处死我的人会来处死我。这样，我就不用重复我说过的话了，这是一个恶人对一个好人做的事。也不要说他会来没收我的任何财产，这样我就不用回答，他会这样做表明他不知道如果使用我的财产。倒不如说，正如他不公正地没收了我的财产，所以在得到它以后，【c】他也会不公正地使用我的财产，如果这样做是不公正的，那么是可耻的，如果是可耻的，那么是恶的。

卡　瞧你有多么自信，苏格拉底，好像这些事情在你身上一件都不会发生！你认为只要过你自己的日子，不跟他们打交道，就不会被某个也许非常腐败和邪恶的人告上法庭了。

苏　如果我认为在这个城邦里这样的事情不会对任何人发生，那么我真的是个傻瓜，卡利克勒。但我非常明白：【d】如果我上了法庭，面对你提到的某种危险，那么控告我的人是个恶人——因为没有一个好人会把一个没有做错事的人告上法庭——如果我被处死，那也没什么可奇怪的。要我告诉你我有这种预期的理由吗？

卡　是的，我要。

苏　我相信，我是少数雅典人之一——所以，别说我是唯一的一个，在我们的同时代人中唯一的一个——掌握了真正的政治技艺，从事真正的政治。这是因为，我在各个场合的讲话不以使人满意为宗旨，而以至善①为宗旨。【e】它们不会以"最令人愉快的东西"为目标。因为我不愿意做你推荐的那些能干的事情，所以我在法庭上不知道该说些什么。我对波卢斯做过的同样的解释又回来了。因为我的受审就像一名医

①　亦译"最好的事物"。

生被一个由儿童组成的陪审团审判，如果有一名烤面饼的厨师对医生提出指控。想一想，这样的一个人被抓到这些人中间，在辩护的时候能说些什么，如果有人提出指控说，"孩子们，这个人对你们干了许多大坏事，是的，对你们。他用手术刀杀死你们中间最年轻的，【522】烧灼你们，通过欺骗和恐吓，他让你们困惑。他给你们吃苦药，迫使你们又饥又渴。他不给你们吃大量的、各种各样的甜食，而我会这样做！"你认为在这种令人绝望的困境下，那个医生还能说什么？或者如果他说实话，"对，孩子们，我所做的所有这些事情都是为了健康"，你认为在这种时候，这些"法官"会如何咆哮？他们的声音不会很响吗？

卡　也许会吧。

苏　我认为会这样的！你不认为那名医生完全不知该怎么说吗？

卡　【b】是的，他会这样。

苏　我知道这类事情也会发生在我身上，如果我上了法庭。因为我不能指出我为他们提供了什么快乐，这些服务和好处他们相信自己已经得到了，但我既不羡慕那些提供快乐的人，又不羡慕那些得到快乐的人。如果有人指责我败坏青年，让他们感到困惑，或者指责我在公开和私下场合用严厉的话语污辱老人，我也不能说出事实真相。我不能说，【c】噢，"是的，我所说的和所做的所有事情都是为了公正，我'尊敬的法官'"——用你们这些人的话来说——我也不能说别的什么。所以，我假定自己只好听天由命了。

卡　你认为，苏格拉底，一个在他的城邦里处于如此境地的人，一个不能保护他自己的人，是令人敬佩的吗？

苏　是的，卡利克勒，只要他还拥有你们经常承认的他应当拥有的东西：只要他保护自己，不说和不做与凡人和众神相关的任何不公正的事情。【d】因为这是一种你我经常同意的最有效的自我保护。现在如果有人指责我不能为自己或别人提供这种保护，那么我在受到斥责时会感到羞耻，无论这种驳斥发生在有许多人在场的时候，还是只有少数人在场的时候，或者是发生在我们两人之间；如果我由于缺乏这种能力而被处死，我真的会十分恼火。但若我走到生命的尽头是由于缺乏这种奉承的演讲术，那么我知道你会看到我从容就义。【e】没有完全失去理智和勇敢的人没有一个会怕死，做不公正的事情才是他要害怕的。因为带着一颗装满不公正行为的灵魂抵达哈得斯①，这是一切坏事情的终极。要是你喜欢，我愿意给你解释一下，说明事情就是这样的。

卡 行，因为其他事情你都讲完了，这件事你也可以讲完。

苏 【523】把你的耳朵伸过来——他们是这样说的——这是一个很好的解释。你会认为这只是一个故事，但我相信，尽管我认为这是一个解释，我在讲的时候是把它当作真的来告诉你的。如荷马所说，在宙斯、波塞冬②、普路托③从他们的父亲那里接管了王权以后，在他们中间划分了王权。克洛诺斯④时代有一条关于人类的法律，甚至连众神都继续遵守，一个生活公正和虔敬的人今生走到终点的时候，他会去福岛⑤居住，【b】过一种完全幸福的生活，不受邪恶的侵害，而一个生活不公正和不虔敬的人死了，他会去一个被他们称作塔塔洛斯⑥的监狱，接受报应和处罚。在克洛诺斯时代，乃至于后来宙斯刚取得王权的时候，那些人在他们还活着的时候就要面对活的法官的审判，这些法官在他们就要死的那一天审判他们。由于审判不准确，所以普路托和福岛的看守去见宙斯，告诉他那些人自行其是，【c】去了他们不该去的地方。所以宙斯说："好吧，我要下令停止这种审判。这种审判之所以不好，乃是因为被审的人穿着衣服。他们是在还活着的时候受审的。"他说，"有许多人灵魂邪恶，但却包裹在漂亮的身体里，出生高贵而又十分富有，受审的时候会有许多证人跑来证明他们的生活是公正的。【d】这些事情使法官们充满敬畏，马上通过审判，而法官自己在进行审判时也穿着衣服，

---

① 哈得斯（Ἅιδης），地下世界，冥府。掌管地下世界的冥王亦叫哈得斯，他是宙斯的兄长。

② 波塞冬（Ποσειδῶν），宙斯的兄长，掌管水界。

③ 普路托（Πλούτων），宙斯的兄长，即哈得斯。

④ 克洛诺斯（Κρόνος），宙斯的父亲，老天神。

⑤ 福岛（μακάρος νῆσος），死者亡灵在冥府受审后，善者被送往福岛居住。

⑥ 塔塔洛斯（Τάρταρος），地狱。

他们的眼睛、耳朵和整个身体就像屏风一样屏蔽着他们的灵魂。所有这些东西，他们自己的衣服，被审者的衣服，都已证明是他们的障碍。"他说："我们首先要做的就是不让他们提前知道自己的死期。而现在他们有这种知识。【e】这就是我已经告诉普罗米修斯① 要停止的事情。其次，他们受审的时候必须剥去所有这些东西，赤裸裸的，因为要在他们死后才对他们进行审判。法官也应当是赤裸裸的，是死了的，只用他自己的灵魂去研究那些刚死去的人的灵魂，这些人已经与他的亲属分离，把他们的全部装饰打扮都留在大地上，这样的审判才会是公正的。在你们想到这件事之前我已经想到了，我已经任命了我的儿子作法官，两个来自亚细亚，弥诺斯② 和拉达曼堤斯③，【524】一个来自欧罗巴，埃阿科斯④。他们死后，就去了荒野当法官，那里是个三岔路口，往前面走有两条路，一条通往福岛，另一条通往塔塔洛斯。拉达曼堤斯审判来自亚细亚的人，埃阿科斯审判来自欧罗巴的人。弥诺斯比较年长，负责终审，如果其他两名法官有什么审判难以决断，就由他处理，这样一来涉及人该走哪条路的审判也许就可以尽可能公正了。"

　　【b】卡利克勒，这就是我听说的，我相信它是真的。基于这些解释，我得出结论：像这样的事情是会发生的。我认为，死亡无非就是两样东西的分离，灵魂与身体。所以，在它们分离以后，它们各自的处境不会比那个人活着的时候糟糕得多。身体保持着它的本性，在意得到照料和其他一切明显对它呈现的事情。【c】如果一个人有身体，比如说，他活着的时候体形庞大（要么是生来很大，要么是通过养育，或者是通过二者），他的尸体在他死了以后也很庞大。如果他很胖，那么死者的尸体也很胖，等等。如果一个人在意留长发，他的尸体也会留有长发。还

---

① 普罗米修斯（Προμηθεὺς），造福于人类的神，因盗天火给人类而触怒宙斯，受到惩罚。

② 弥诺斯（Μίνως），冥府判官，生前为克里特王。

③ 拉达曼堤斯（Ῥαδάμανθυς），冥府判官，生前为克里特英雄，弥诺斯的兄弟。

④ 埃阿科斯（Αἰακος），冥府判官，生前是阿喀琉斯之父，助阿波罗建造特洛伊城墙。

有，如果一个人生前是个囚犯，身上有鞭笞的伤痕或其他伤口，死了以后他的尸体仍旧可以看到同样的印记。如果一个人活着的时候手脚被打断或扭曲，【d】他死后这些痕迹依然清晰可见。总之，一个人活着的时候他的身体无论怎样处理，所有处理后留下的痕迹，或者大部分痕迹，在他死后的一段时间里，是清晰的。因此，我认为，同样的事情对灵魂来说也是真的，卡利克勒。灵魂一旦剥去外衣，像身体一样裸露，灵魂中存在的一切也是清晰的，既有生来就有的东西，又有后来发生的事情，人的灵魂中拥有的东西实际上是他追求每样东西的结果。所以，它们来到法官面前——【e】从亚细亚来的人到了拉达曼堤斯面前——拉达曼堤斯让它们站住，研究每个人的灵魂而不知道它是谁。他经常能够找出那位大王①的灵魂，或者其他某位国王或统治者的灵魂，【525】注意到他的灵魂没有什么地方是健康的，而是遍布疤痕，这是背信弃义和做事不公正的结果，他的每个行为都在他的灵魂上留下印记。被包裹起来的一切都是欺骗和虚伪的结果，没有什么是正直的，全都由于这颗灵魂没有得到真理的滋养。他看到这颗灵魂是畸形的，充满丑恶，其原因可归于行为的奢侈、放荡、专横、失禁。看到这颗灵魂，他就把它径直送往监狱关押，到那里去等候接受与它相应的命运。

【b】对每一个受到公正惩罚的人来说，这样做是恰当的，因为这样做能使他变得比较好，使他从中受益，或者让他成为其他人的榜样，看到他遭受的种种苦难，其他人可以感到害怕和变得比较好。那些从中受益的人，那些向众神和凡人付了代价的人，他们所犯的错误是可以矫正的；即便如此，他们还是要通过受苦受难的方式才能受益，在这里和在哈得斯，因为除此之外，【c】没有其他可以消除不公正的方式。从那些犯有终极大罪的人中间可以选出榜样，由于犯了这样的罪行，他们已经变得无法救治。这些人自己不再能够从接受惩罚中获益，因为他们是不可治的。然而，看到他们在哈得斯的监狱里接受最残忍、最可怕、最悲惨的折磨，其他人确实从中受益，那些永久受折磨的人起着样板的作

---

① 指波斯国王。

用，【d】对那些正在到来的不公正的人是一个可见的警示。我宣布，阿凯劳斯是他们中的一员，如果波卢斯说得对，其他任何像他那样的僭主也是。我假定，这些样板中的大多数实际上来自僭主、国王、统治者这个等级和那些积极从事城邦事务的人，这些人犯下了最严重的和最不虔敬的错误，因为他们处在能这样做的位置。荷马也是这些事情的一名证人，【e】因为他描述了那些在哈得斯中接受永久惩罚的国王和统治者：坦塔罗斯①、西绪福斯②和提堤俄斯③。至于忒耳西忒斯④和其他邪恶的公民，没有一个被说成周围全是最残酷的刑罚，好像他不可救治似的；我假定，他不在那个位置上，由于这个原因他也比那些处在那个位置上的人幸福。事实上，卡利克勒，【526】那些变得极端邪恶的人确实来自有权力的等级，尽管肯定没有什么东西阻止最有权力的人中间的好人不发生这样的转变，而那些不发生转变的人应当受到热情的敬仰。因为这是一件难事，卡利克勒，当你发现自己享有充分的自由，可以胡作非为的时候，你仍旧能够一辈子过着公正的生活，这样的人最值得赞扬。几乎没有人被证明是这样的人。不过，还是有人已经被证明是这样的人，在这里和在其他地方，我假定还会有一些人值得敬佩，他们拥有美德，能公正地执行托付给他们的事务。【b】他们中有一位，吕西玛库⑤之子阿里斯底德⑥已经被证明，他确实非常出名，甚至在希腊的其他地方也很有名气。但是，我的大好人，大多数我们的统治者已经被证明是坏的。

　　所以，如我所说，法官拉达曼堤斯抓住了某个这样的人，他对这个人一无所知，既不知他是谁，又不知他是哪里人，只知道他是邪恶的。一旦确定了这一点，他就在那个人身上打下烙印，标明是可治的或是不可治的，只要他瞧着适宜，然后就打发那个人去塔塔洛斯，那个人一到

---

① 坦塔罗斯（Ταντάλος），人名。
② 西绪福斯（Σίσυφος），人名。
③ 提堤俄斯（Τιτυός），人名。
④ 忒耳西忒斯（Θερσίτης），人名。
⑤ 吕西玛库（Λυσίμαχος），人名。
⑥ 阿里斯底德（Αριστείδης），人名。

那里，【c】就开始接受相应的惩罚。有一次，他审查了另一颗灵魂，它过着一种虔敬的生活，献身于真理，也许是某位公民的灵魂，也许是其他人的灵魂，尤其是——我无论如何要说——一位哲学家的灵魂，他专注于自己的事务，生前没有碌碌无为。他敬重这个人，送这个人去福岛居住。埃阿科斯也一样，做着同样的事情。他们两个各自手持权杖作出审判。弥诺斯坐在那里监督他们。只有他的权杖是黄金的，荷马诗中的奥德修斯说看见他了，【d】"手握黄金权杖，在亡灵中宣判"。①

对我来说，卡利克勒，这些解释令我信服，我在考虑的是我将如何向这位法官袒露我的灵魂，让它越健康越好。所以我轻视大多数人视为荣耀的事情，通过实践真理，我真的试图尽力做一个非常好的人，【e】作为一个好人而活着，当我死的时候，也要像一个好人那样去死。我也号召其他所有人，在我所能企及的范围内——我尤其要号召你，作为对你的号召的回应——走这条生活道路，这场竞赛，我认为比所有竞赛更有价值。我要让你接受这样的任务，因为当你出现在我刚才说的这种法庭上接受审判的时候，你不能够保护你自己。你来到那位法官面前，【527】伊齐娜②之子，他抓住你审问，你目瞪口呆，不亚于我在这里的表现，也许有人会打你的耳光，向你泼洒各种污秽。

你也许认为这种解释就像乡间老妇讲的荒诞故事，打心眼儿里瞧不起。如果我们能够在某个地方发现更好的、更真实的解释，那么它受到轻视不足为奇。然而，你看到这里有三个人，【b】当今希腊最聪明的人——你、波卢斯、高尔吉亚——你们不能证明还有另外一种生活是人应当过的，而不是过这种显然到了另外一个世界也有益的生活。但是在那么多论证中，只有这种论证经历了驳斥存活下来，并且稳固地站立：做不公正的事情比承受不公正更要警惕，一个人最要关注的事情不是"好像是好的"，而是"是好的"，既在他的公共生活中，又在他的私人

---

① 荷马：《奥德赛》11：569。

② 伊齐娜（Aἰγίνη），希腊神话中的仙女，伊齐娜之子在文中指卡利克勒，卡利克勒的家乡是伊齐那。

生活中；如果一个人在某些方面被证明是坏的，他就应当受到惩罚，【c】仅次于公正的第二样最好的事情就是通过付出应有的代价、接受惩罚而变得公正；各种形式的奉承，无论是对自己还是对别人，无论是多还是少，都应当避免，演讲和其他各种活动永远应当用来支持公正的事物。

　　所以，听我说，跟上我，到我这里来，等你来到这里，你今生会很幸福，你在今生的终点也会幸福，如那个解释所表明的。让某些人把你当作傻瓜来轻视，向你泼洒污秽，要是他喜欢。嗯，【d】是的，宙斯在上，充满自信地让他来对付你和污辱你。如果你真的是个令人敬佩的人，是个好人，是个践行美德的人，那么不会有什么可怕的事情对你发生。然后，在我们一起践行美德以后，到了最后，当我们认为自己应当去做事的时候，我们会转向政治，或者说，等我们能够比现在更好地商讨的时候，我们再来商谈我们喜欢的各种主题。像我们当前这种情况是可耻的——对于相同的主题我们从来没有相同的看法，而这些主题是最重要的——我们要力陈己见，仿佛我们是其他人。【e】我们缺乏教养到了何等可悲的地步。所以，让我们使用这个已经向我们显明了的解释，以它为向导，它告诉我们这种生活方式是最好的，在生前和死后都要践行公正和其他美德。所以让我们自己遵循它，也号召其他人这样做，让我们不要遵循你相信并且号召我遵循的生活方式。因为这种生活方式是毫无价值的，卡利克勒。

索　引

Apollodorus of Cyzicus:Ἀπολλόδωρος 阿波罗多洛 Ion 541c

appetite(s):ἐπῐθῦμία 欲望，胃口 Grg. 491e+,505b+

Archelaus:Ἀρχέλαος 阿凯劳斯 Grg.470d, 471a,472d,479a,479e,525d

archers/archery:τοξευτής,τοξική 弓箭手 L.Hp.375a+

Archilochus:Ἀρχιλόχους 阿基洛库斯 Ion 531a,531d,532a

Archinus:Ἀρχῖνος 阿基努斯 Mx.234b

archon(s):ἄρχων 执政官 Mx.238d

Argive/Argos:Ἀργεῖοι 阿耳戈斯人 Mx. 239b,245c

Aristides,the elder:Ἀριστείδης 阿里斯 底德（老）Grg.526b

aristocracy/aristocratic:ἀριστοκρατία 贵族政制 Mx.238c+

Aristocrates:Ἀριστοκράτης 阿里司托 克拉底 Grg.472b

Aristophon:Ἀριστοφῶν 阿里斯托丰 Grg. 448b

arithmetic(al):λογιστικός 算术 Grg. 451b; L.Hp.367c

art(s):τέχνη 技艺 L.Hp.368d,369a

Artemisium:Ἀρτεμισίῳ 阿特米西乌 （地名）Mx.241a

Asclepius:Ἀσκληπιός 阿斯克勒庇俄斯 Ion 530a

Asia:Ἀσιάς 亚细亚（地名）Grg.523e+; Mx.239d

Aspasia:Ἀσπασία 阿丝帕希娅 Mx. 235e+,236b,249

astronomer(s):ἀστρονόμος 天文学家 L.Hp.367e+,368b

astronomy:ἀστρονομία 天文学，星相

学 Grg.451c

Athena:Ἀθηνᾶ 雅典娜 Ion 530b

Attica:Ἀττική 阿提卡（地名）Mx.237b+

autochthones:αἰτόχθωνος 本地人，非 移民 Mx.237b,237e,245d

B

bacchanals/bacchants/Bacchic possession:βάκχος,μαινᾰς,βακχεύσιον 酒 神信徒 / 酒神附体 Ion 534a

bad(ness):κακός 坏、 恶 Grg.468a+, 477

belief:πίστῐς 相信、信念 Grg.454d+

Black Sea:Πόντος Εὔξεινος 黑海 Grg. 511d+

Blessed,Islands of the:μακάρων νῆσοι 福岛 Grg.523b,526c; Mx.235c

bodies/body:σῶμα 身体、肉体、肉身 Grg. 493a,504e+,517+,524b+

Boeotia(ns):Βοιωτία 波埃提亚（人） Mx.242a+,244d,245c

builder(s)/building:οἰκοδόμος, οἰκοδόμησις 工匠 / 建筑 Ion 537d

burial:τᾰφή 葬礼 Mx.234b+

C

Cadmean(s)/Cadmus:Καδμείους, Κάδμος 卡德摩斯的后代 / 卡德摩 斯 Mx.239b,245d

calculation:λογισμός 计算，算术 Grg. 451b+; L.Hp.366c+

Callicles:Καλλίκλεις 卡利克勒,《高尔吉 亚篇》对话人；Grg.447b,481b+,481d+, 487b+,491e+,495d,499c+,506c, 513b,515a,526e+

Cambyses:Καμβύσες 冈比西斯 Mx.

538e

E

earth:γῆ 大地、土 Mx.237b,237e

education:παιδεύω,παιδεία 教育　Mx.237b

Egypt/Egyptian(s):Αἴγυπτ,Αἴγυπτος 埃及／埃及人 Grg.511d+; Mx.239e,241e,245d

Eleusis:Ἐλευσῖς 厄琉息斯（地名）Mx.243e

Elis:Ἠλεῖος 埃利斯（地名）L.Hp.264b,363d

emotion(s):πάθος 情感 Grg.481c

end(s):τελευτή 目的 Grg.467c+

envy:φθόνος 妒忌 Mx.242a

Epeius:Ἐπειους 厄培乌斯 Ion 533a

Ephesians/Ephesus:Ἐφέσος 爱菲索（地名）Ion 530a,533c,541c+

epic:ἔπη 史诗，叙事诗 Ion 530a+,535b+

Epicharmus:Ἐπιχάρμος 厄庇卡尔谟 Grg.505e

Epidaurus:Ἐπιδαύρος 埃皮道伦（地名）Ion 530a

equal(ity):ἴσος 相等 Grg.483c+; Mx.238e+

Eretria(ns):Ἐρετριά 埃雷特里亚／埃雷特里亚人 Mx.240a+

Eudicus:Εὐδικυς 欧狄库,《小希庇亚篇》、《大希庇亚篇》对话人 L.Hp.363b+

Eumolpus:Εὐμόλπους 欧谟尔普 Mx.239b

Euripides:Εὐριπίδης 欧里庇得斯 Ion 533d; Grg.484e,485e+,486b,492e

Europe:Εὐρώπη 欧罗巴（地名）Grg.524a;Mx.239d

Eurymedon:Εὐρυμέδον 欧律墨冬（河名）Mx.241c

exercise(s):ἄσκησις,γυμνασία 练习，训练 L.Hp.374a+

experience:ἐμπειρία 经验 Grg.448c

expert/expertise:χειροτέχνης 专家，行家 Grg.511c+

eye(s):ὀφθαλμός 眼睛 L.Hp.374d

F

false/falsehood/falsity:ψευδής 假，虚假，错 L.Hp.365b+

family:γένος 家庭，家族 Grg.512c+

festival(s):πανήγυρις 节日 Ion 530a+; L.Hp.363c+; Mx.249b

flatterers/flattery:κόλαξ,θωπεύμᾰτα 奉承者／奉承 Grg.463b+,501c+,527c

flute,flute-playing:αὐλός,αὐλεῖν 笛子／演奏笛子 Grg.501e; L.Hp.374e,375b

freedom:ἐλευθερία 自由 Grg.461e

friend(s)/friendship:φιλία 朋友，友谊 Grg.508a,510

funeral(s):ἐπικήδειος 埋葬／葬礼 Mx.235,247+

G

games:παιγνιά 游戏 Grg.450d

general(s):στράτηγος 将军 Ion 540d+

gentleness:ἡσῦχία 温和 Grg.516c

geometer/geometrical/geometry:γεωμέτρης,γεωμετρικός,γεωμετρία 几何学家，几何学 L.Hp.367d+

Geryon:Γηρυόν 革律翁 Grg.484b

Glaucon,famous rhapsode:Γλαύκων 格老孔（著名吟诵诗人）Ion 530d

Penelope:Πηνελόπη 珀涅罗珀 Ion 535b

people,the:γένεσις 民众 Mx.238d

Perdiccas II:Περδίκας 佩尔狄卡 Grg.
470d,471a+

Pericles:Περικλές 伯里克利 Grg. 455e,
472b,503c,515d+,519a; Mx.235e,236b

Persia,king of:τὸν μέγαν βασιλέα 波
斯大王 Mx.241d,241e

Persia/Persian(s):Πέρσας Περσικός
波斯/波斯人 L.Hp.368c; Mx.239d+,
241b,243b,244d

persuasion:πειθώ 劝说，说服 Grg.
453+,454e

Phanosthenes:Φανοσθένη 法诺斯提尼
Ion 541d

Phemius:Φημίους 斐米乌斯 Ion 533c

philosopher(s):φιλόσοφος 哲学家 Grg.
484d+,486a+,508c+,511e+

philosophy:φιλοσοφία 哲学 Grg.481d,
484c+,487c+; Mx.234a

Phthia:Φθία 弗提亚（神话中的冥府福
地）L.Hp.370c

physician(s):ῖατρός 医生 Grg. 464d+,
521e+

pilot:κὐβερνήτης 舵手，船老大 Grg.
511d+; Ion 537c

Pindar:Πίνδαρος 品达 Grg.484b,488b

Piraeus:Πειραιῶς 庇莱厄斯（地名）Mx.
243e

Plataea:Πλαταιαί 普拉蒂亚（地名）Mx.
241c,245a

pleasure(s):ήδλνή 快乐 Grg.494c+,
495a+,496+,500e+

Pluto:Πλούτων 普路托 Grg.523b+

poet(s):ποιητής 诗人 Ion 533e+; Mx.
239b

poetry:ποίημα 诗歌 Grg.502c+; Ion
532c+,533d+; L.Hp.368c

political/politics:πολιτικός 政治 Grg.
464b+,513e+

politician(s):πολιτευόμενοί 政治家、
政客 Grg.500c+

Polus:Πωλός 波卢斯,《高尔吉亚篇》
对话人；Grg.448a,448d,461b+,463e,
482d,482e,487a,494d

Polygnotus:Πολυγνώτους 波吕格诺图
Grg.448b; Ion 532e+

Posidon:Ποσειδῶν 波塞冬 Grg.523a;
L.Hp.370c

poverty:πενία 贫穷、贫困 Mx.238d

power(s):δῶναμις 力量，能力 L.Hp.
365d+,375d+

praise(s):ἐγκώμιον 赞扬，赞美 Mx.
235d,236a

Priam:Πρίαμος 普利亚姆 Ion 535b

private:ἴδιος,οἰκεῖος 私人的 Grg.525e

professional(s)/profession(s):δεινος,
ἐπιτήδευμα 专业，行家 Grg.448b+,
449a+; Ion 530b+,531b,537c+,540a+;
L.Hp.373c

Prometheus:Προμηθεῖις 普罗米修斯
Grg.523d+

prosperity:εὐπραξία 繁荣，旺盛 Mx.
242a

Proteus:Πρωτεὺς 普洛托斯 Ion 541e

proverbs:λεγόμενον/λόγος 谚语 Grg.
498e,499c,510b,514e; Mx.248a

public:κοινός 公共的 Grg.513e,515

punishment:τίνω/τίσις 惩罚 Grg.469b,
472d+,476+,478+,480+,507d+,523b,525,
527b+

Pyrilampes:Πυριλαμπους 皮里兰佩

Grg.481d+,513b

Q

quarrels:ἔρις 争吵 Mx.237c

R

refutation:ἔλεγχος 驳斥，反驳 Grg. 471e

relation/relative:διήγησις διέξοδος 关系 Grg.476b+

retribution:ἀπολογέομαι 报应 Grg. 526c,527c

Rhadamanthus:'Ραδάμανθυς 拉达曼堤斯 Grg.523e+,524e,526b

rhapsodes:ῥαψῳδός 吟诵者 Ion 530a+, 533d+,535a+,535d,535e,537+,539d+, 540d+,541c

rhetoric:ῥητορική 修辞 Grg.448d,449d+, 452e—455a,456+,459,460,463b+,463e+, 466,471d+,480,502c+,503a+,520,527c; Mx.235a+,235c

rhythm(s):ῥυθμός 节奏 L.Hp.368d

right (ness/s):αληθής,ὀρθός, δικαιοσύνη 正确，对 Grg.483b+, 488c+

rule/ruler(s):ἀρχή,κρἆτος, δὐναστεία,ἄρχων 统治／统治者 Grg.491e+; Mx.238d

runners/running:δρομεύς,δρόμος 跑步者／跑步 L.Hp.373c+

S

Salamis:Σαλαμῖς 萨拉米（地名）Mx. 241a+,245a

Samos:Σαμίους 萨摩斯（地名）Ion 533b

Sarambus:Σάραμβος 萨拉姆布斯 Grg. 518b

Sardis:Σάρδεσια 萨尔迪斯 Mx.240a

Scellias:Σκελλίους 斯凯利亚 Grg.472b

science(s):ἐπιστήμη 知识、科学 Grg. 451b+

sculptors/sculpture:ἀγαλματοποιός,ἀνδριαντοποιία 雕刻匠，雕刻 Grg. 450d

Scythia(ns):ΣΚυθἰα 西徐亚（地名）Σκύθης 西徐亚人 Grg.483d; Mx. 239e

self-contradiction(s):ἀδικοῦντα 自相矛盾 Grg.482b+

self-control:ἐγκράτεια 自制、自控 Grg. 491+

self-reliance:θρἆσος 自立 Mx.248a

self-respect:αἰδώς 自尊 Mx.247b

sense(s):αἴσθησις 感官、感觉 L.Hp. 374d+

Sicilian/Sicily:Σικελία 西西里（地名）Grg.493a+,518b; Mx.242e

sick(ness)/disease(s):νόσος 疾病 Grg.504e+

Sisyphus(of myth):Σίσυφος 西绪福斯 Grg.525e

skill(s):τέχνη 技艺 Grg.460c+

slave(s)/slavery:δοῦλος δουλεία 奴隶、奴仆、奴隶制 Grg.483b; L.Hp. 375c

Socrates:Σώκρατης 苏格拉底 Grg.455e, 458a,461b,466c,472b+,473e,474a, 475e+,481d,482b,485e+,491a,495d, 503c,505d,521d,522; Ion 530b,532d; L.Hp.363a,369c+,370+,372b+,373a, 373b,376c; Mx.235c

song(s):μελῳδία,μέλος,ἆσμα 颂歌 Grg.451e

soothsayers:μάντις 预言 Ion 534d

sophist(s):σοφιστής 智者　Grg.519c,

520b; L.Hp.364d

sophistic (al) /sophistry:σοφός 智者的 / 智术 Grg.463b,465c,520

sorrow:λύπή,πένθος 悲伤 Mx.247c+

soul (s) :ψῦχή 灵魂 Grg.479b, 493b+, 523—525; L.Hp.372d+,375e+

Sparta/Spartan (s) :Σπάρτη 斯巴达 / 斯巴达人 Mx.240c,241c,242a,242c, 244c+,245b,246a

spectator (s) :θεατής,θεωρός 观看者, 观众 Ion 533e+

speech (es) :φωνή,λόγος,ῥῆμα 言语, 话语 Grg.461e

Sphacteria:Σφαγίᾳ 斯法特里亚 Mx. 242c

statesman (ship) /statesmen:Grg.515,517+, 519,521d

Stesimbrotus:Στησίμβροτος 斯特西洛图 Ion 530d

strength/strong:δύνᾰμις 力量 / 强大 Grg. 483+,488c+; L.Hp.374a+

T

Tanagra:Τανάγρᾳ 唐格拉 (地名) Mx. 242a

Tantalus:Ταντάλος 坦塔罗斯 Grg. 525e

Tartarus:Τάρταρος 塔塔洛斯 (地狱) Grg.523b,526b

teachers/teaching:διδάσκαλος,παιδε- υτής,διδαχή,παίδευσις 教师 / 教 Grg. 456d+,460c+

temperance/temperate:μέτριον 节制 Grg. 492,493b+,504c+,506e+

Thamyras:Θαμύρους 萨弥拉斯 Ion 533b

Thasos:Θάσιος 萨索斯 (地名) Ion 530d

Thearion:Θεαρίων 塞亚里翁 Grg.518b

theater (s) :θέατρον 剧场 Grg.502d

Themistocles:Θεμιστοκλές 塞米司托克勒 Grg.455e,503c,515d,516d,519a

Theoclymenus:Θεοκλύμενος 特奥克吕墨诺斯 Ion 538e

Theodorus of Samos:Θεοδώρους 塞奥多洛 Ion 533b

Thersites:Θερσίτης 忒耳西忒斯 Grg. 525e

Thessalian/Thessaly:Θετταλία 帖撒利 Grg.513a

Thetis:Θέτις 忒提斯 L.Hp.371c

Tisander:Τείσανδρον 提珊德尔 Grg. 487c

Tityus:Τιτυός 提堤俄斯 Grg.525e

tragedians/tragedy: τραγῳδός, τραγῳδία 悲剧家 / 悲剧 Grg.502b

trainers/training:παιδοτρίβης,μελέτη 教练 / 训练 Grg.514

Trojan (s) /Troy:Τροία 特洛伊 (地名) Ion 535c; L.Hp.363b,364c+

true and false man:ἀστρονομίᾳ ἀληθής καὶ ευδής 说真话的人和撒谎者 L. Hp.365—369

truth:ἀληθής/ ἀλήθεια 真相 / 真话 Grg.505e

Tynnichus:Τύννιχος 廷尼库斯 Ion 534d

tyranny/tyrannical/tyrant (s) : δεσπο- τεία 僭主制 Grg.466d+,468,469c+, 510b+,525d+; Mx.238e

U

universe:κόσμος,οίκουμένη 世界, 宇宙 Grg.508a